育園で教えてもらった 園児に人気の にっこりおやつ

パクッと食べて思わずにっこり、それにつられてママもにっこり。
そんなすてきなおやつの時間を過ごしてほしい
という願いから生まれたのが本書です。
子どもの成長にとって、おやつは食事と同じくらい大切なもの。
毎日のことだから、健康によくて、経済的で、手軽に作れるおやつが
理想的です。そこで注目したのが保育園のおやつ。
保育園では、毎日たくさんの子どもたちとふれあうなかで、
健康を考えた、そして子どもが喜ぶおやつを、いろいろな工夫をしながら
実践しています。本の制作にあたっては、22の保育園から、
からだにやさしくて楽しいおやつのレシピを
提供していただきました。
そこにはママと子どもにとっての理想的な
おやつのヒントがいっぱいです。
野菜やフルーツ、小魚、乳製品など、
身近な材料を使った、素朴なレシピが勢ぞろい。
今日のおやつから、さっそく作ってみませんか？

主婦と生活社

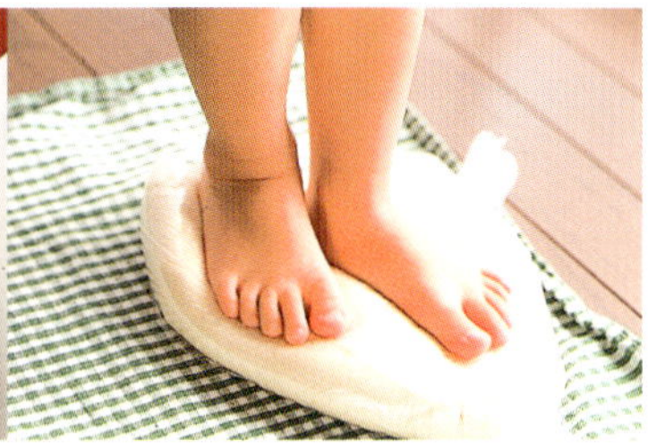

保育園の人気おやつ110

にっこりおやつ140

CONTENTS

野菜がメインのおやつ

かぼちゃ

かぼちゃ蒸しパン……6
かぼちゃおやき……6
なんきん白玉……7
かぼちゃのドーナッツ……7
ごま揚げかぼちゃだんご……8
スイートパンプキン……8
パンプキンケーキ……9
かぼちゃまんじゅう……9

ほうれんそう

ポパイマドレーヌ……10
ほうれんそうのカップケーキ……11
野菜たっぷりのグラタン……11

さつまいも

チーズサンドおさつ……12
ほくほく大学いも……12
スイートポテト……13
りんごいもようかん……13
いきなりだんご……14
おさつまんじゅう……14
いもきびもち……15
コロコロボール……15

にんじん

にんじんクッキー……16
お絵かきホットケーキ……16
キャロットゼリー……17
キャロットちゃんの蒸しケーキ……17

じゃがいも

じゃが丸くん……18
ポテトお焼き……18
じゃがいものお好み焼き……18
インドサモサ風……19
じゃがいもピザ……19

苦手な野菜がぱくぱくいけちゃうメニュー

いろいろ野菜の素揚げチップス……20
三色みたらしだんご……20
里いものごまみそかけ……21
お好みねぎ焼き……21

ホットケーキ……38
カステラシャーベット……38
ごまのプレッツェル……39
アーモンドビスコッティー……39

お手伝いレシピ

手打ちうどん……40
よもぎだんご……42
オリジナルクッキー……44
スイカのポンチ……46
　スイカとフルーツのワインカクテル……47

牛乳と乳製品のおやつ

ヨーグルト

フルーツヨーグルトドリンク……48
ヨーグルト抹茶ゼリー……48
りんごヨーグルト蒸しパン……49
ヨーグルトケーキ……49

チーズ

チーズ蒸しパン……50
チーズの包み揚げ……50
チーズドロップクッキー……51
サンドクラッカー……51
クレセントロール……52

牛乳

ミルクプリン……52
ミルクスコーン……53
ミルクゼリー……53
牛乳くずもち……53

小魚でカルシウムおやつ

磯ビーンズ……54
アーモンドフィッシュ……54
じゃこチャーハン……55
のりじゃこトースト……55
まさご揚げ……55

豆腐＆大豆製品のヘルシーおやつ

お豆腐だんご……56
　だんごのあんのバリエーションレシピ……56
　（みたらしあん・ずんだあん・ごまあん・みそあん）

フルーツいっぱいのおやつ

りんご

卵と牛乳を使わないりんごケーキ……22
焼きりんご……22
アップル春巻き……23
アップルマフィン……23
カントリーアップルパイ……24
　パイ生地の作り方……24
りんごのコンポートミルクソース……25
りんごとさつまいもの重ね煮……25
アップルポテト……25

バナナ

バナナ春巻き……26
バナナボート……26
バナナケーキ……27
フルーツフリッター……27
コーン入りバナナマフィン……28
焼きバナナのヨーグルトソースかけ……28

いちご

桜色クッキー……29
フルーツサンド……29
いちごのフローズンアイス……30
いちごババロア……30
いちごのひなケーキ……31
三色ひなゼリー……31

フルーツ缶といろいろ果実

フルーツ白玉……32
フルーツタルト……32
パイナップルケーキ……33
フルーツゼリー……33
オレンジゼリー……33

園で自慢の大人気おやつ

ウインナドッグ……34
卵ボーロ……34
昔ながらのアイスクリーム……35
黒糖かりんとう……35
きびだんご……36
カスタードクレープ……36
お手伝いドーナツ……37
コンコンブル……37
プリンア・ラ・モード……38

おからのパウンドケーキ……57
納豆の揚げギョウザ……57

主食のおやつ

ごはん

変わりきりたんぽ……58
カリカリおやき……58
五平もち……59
パパッとドリア……59

パン

パンの耳プディング……60
ロールサンドの春巻き揚げ……60
オレンジ風味のフレンチトースト……61
レモンラスク……61
りんごのホットサンド……61
クロックムッシュ……62
シナモントースト……62

めん

にんにくしょうゆのスパゲティ……63
きな粉マカロニ……63
マカロニ入り野菜スープ……64
吉野汁……64

子どもに贈る健康おやつ30

ラクラクレシピの本格おやつ

かんたんチーズケーキ……66
ココアボール……66
炊飯器スポンジケーキ……67
２色チーズフライ……67

ひんや～り　冷たいデザート

食パンシャーベット……68
ヨーグルトアイス……68
いちごのスムージー……69
スイカのミルクサイダー……69

体にやさしい　甘くないおやつ

もちピザ……70
チーズ入り白玉だんごのスープ……70
ささみのごませんべい……71
のしどりサンド……71
くいしん棒……72
ポパイボール……72
りんごとお豆腐のカナッペ……73
ポップコーン……73
なんでもOKたこやき……74
野菜たっぷり皮なしキッシュ……74
韓国風野菜のおやき……75
コロッケグラタン……75

なつかしいおいしさ和風のおやつ

プチきな粉だんご……76
かぼちゃようかん……76
ねじりん棒……77
スピードおはぎ……77
ほっぺたおっこちもち……78
煮干しのチップス……78
煮豆のおとし揚げ……78
パリンパリンせんべい……79
わらびもち……80
れんこんもち……80

子どものためのおやつとごはん

知っておきたい栄養ポイント＆作り方テクニック

健康おやつのおすすめ素材……82
あると便利な道具のいろいろ……83
栄養素別上手なとり方テクニック……84
　ビタミン……85
　カルシウム……86
　鉄分……86
　食物繊維……87
　たんぱく質……87
ママとキッズでワクワクおやつ＆料理作り……88
名作食べ物絵本……91

調理法別インデックス……92
材料別インデックス……95

※本書で使用した計量器具は小さじ5cc、大さじ15cc、1カップ200ccのものです。電子レンジの過熱時間は500W強の場合の目安時間です。400Wなら時間を2割増し、600Wなら2割減に。

からだによくて
おいしさ
二重マル！

保育園の人気おやつ110

レシピ協力
聖ルカ保育園（群馬県館林市）
の一びる保育園（埼玉県越谷市）
第一仲よし保育園（埼玉県東松山市）
和光保育園（千葉県富津市）
神愛保育園（東京都江東区）
黎明保育園（東京都葛飾区）
豊川保育園（東京都北区）
聖ヨゼフ保育園（東京都渋谷区）
鳩の森保育園（東京都渋谷区）
ひいらぎ保育園（東京都板橋区）
鳩ぽっぽ保育園（東京都世田谷区）
くりのみ保育園（東京都小金井市）
みたか小鳥の森保育園（東京都三鷹市）
井の頭保育園（東京都三鷹市）
あかね保育園（東京都三鷹市）
浴光保育園（東京都国分寺市）
千春保育園（東京都府中市）
ききょう保育園（東京都町田市）
赤ちゃんの家保育園（東京都町田市）
バオバブ保育園（東京都多摩市）
光沢寺保育園（福岡県北九州市）
よいこのもり第２保育園（宮崎県宮崎市）
（順不同）
協力：保育園を考える親の会

“野菜”がメインのおやつ

野菜を使うのはもちろん健康のため、でもそれだけではありません。甘さやこく、香ばしさなど、素材の味が生きているから、おいしさだってグ～ンとアップ！

かぼちゃ

カロチンやビタミンB、Cなど、栄養がいっぱい詰まった健康野菜。つぶしたりがラクだから、いろいろなおやつにアレンジできます。

かぼちゃならではのやさしい甘さが魅力

かぼちゃ蒸しパン

赤ちゃんの家保育園

●材料（8個分）

かぼちゃ	120g
卵	1個
砂糖	60g
牛乳	100cc
小麦粉	130g
ベーキングパウダー	小さじ1
サラダ油	小さじ2

●作り方

❶かぼちゃは皮をむいて1cm角に切る。
❷ボウルに卵を割り入れ、砂糖と牛乳を加えて泡立て器でよく混ぜる。
❸小麦粉とベーキングパウダーを合わせて②へふるい入れ、木べらでさっくり混ぜ、サラダ油も加えてさっと混ぜる。
❹①のかぼちゃも混ぜて、アルミケースなどに等分して流し入れる。蒸し器に並べ、強火で15分蒸す。竹串をさしてみて、生地がついてこなければ蒸し上がり。

調理室より

野菜を使ったメニューは保育園のおやつの定番！　園では砂糖はてんさい糖、油はなたね油を使っています。

こんがり焼けた香ばしさとほのかな甘さががあとをひく

かぼちゃお焼き

千春保育園

●材料（4人分）

かぼちゃ	80g
溶き卵	1/2 個分
小麦粉	60g
塩	少々
水	大さじ1～2
サラダ油	少々
ケチャップ	適量
しょうゆ	適量

●作り方

❶かぼちゃは細めのせん切りにする。
❷ボウルに溶き卵、小麦粉、塩、水を合わせて混ぜ、かぼちゃも加えて混ぜ合わせる。
❸フライパンにサラダ油を熱し、②をスプーンですくって入れ、両面をこんがり焼く。
❹皿に盛り、ケチャップとしょうゆを混ぜたソースをかける。

黒みつ&きな粉でさらに風味豊かに

なんきん白玉

あかね保育園

●材料（2人分）

かぼちゃ……………………………………50g
白玉粉 ………………………………………125g
水………………………………………………適量
黒みつ
［黒砂糖………………………………… 25g
［水…………………………………………25cc
きな粉 ………………………………………15g

●作り方

❶かぼちゃは皮をむいて薄切りにし、ラップに包み、電子レンジで約2分加熱してつぶす。
❷ボウルに白玉粉を入れ、水を少しずつ加えながら手で混ぜ、耳たぶより少し固めに練る。
❸②に①を加えて混ぜ、耳たぶくらいのやわらかさにする。
❹③を直径1.5cm 大に丸めてつぶし、中央を少しへこませて沸騰した湯に入れてゆでる。白玉が浮いてきたら、冷水にとる。
❺小鍋に黒砂糖と分量の水を入れて中火にかけ、焦がさないように煮つめて黒みつを作る。
❻④を取り出して水けをきり、皿に盛って黒みつときな粉をかける。

赤ちゃんの家保育園でもなんきん白玉は人気メニュー。「かぼちゃのかわりに、にんじん、小松菜、春菊で作ってもgood！　季節ごとにローテーションします」。

調理室より

普通の白玉だんごよりもやわらかくなります。小さめに丸めてあげると食べやすいですよ。

フワッと軽～い口当り。素朴な味わいも人気です

かぼちゃのドーナッツ

みたか小鳥の森保育園

●材料（10個分）

かぼちゃ……………………………………150g
バター………………………………………15g
砂糖………………………………………… 40g
卵…………………………………………… 1個
牛乳……………………………………大さじ1
小麦粉………………………………………150g
ベーキングパウダー…………………小さじ1
揚げ油…………………………………………適量

●作り方

❶かぼちゃは皮をむいて乱切りにし、ラップに包み、電子レンジで約3分30秒加熱してつぶしておく。
❷ボウルにバターを入れて泡立て器でクリーム状に練り、砂糖を加えて白っぽくなるまで混ぜ、①と卵と牛乳を加えてさらに混ぜる。
❸小麦粉とベーキングパウダーを合わせて②へふるい入れ、木べらで粉っぽさがなくなるまで混ぜてまとめる。
❹まな板に打ち粉をふり、③をめん棒で1cm厚さにのばし、粉をまぶした型で抜く。
❺揚げ油を160～170 度に熱し、④をきつね色になるまで揚げる。

調理室より

かぼちゃの風味と甘みが出るので、砂糖が少なめでもおいしいですよ。

中華風ごまだんごをかぼちゃあんで
ごま揚げかぼちゃだんご

のーびる保育園

●材料（10個分）

かぼちゃ……………………………………90ｇ
砂糖 ………………………………………15ｇ
白玉粉 ………………………………100ｇ
水……………………………………………適量
白いりごま……………………………………適量
揚げ油…………………………………………適量

●作り方

❶かぼちゃは皮をむいて乱切りにし、ゆでる。
❷①のゆで汁を捨てて水分をとばし、砂糖を加え、かぼちゃをつぶしながら練り混ぜ、かぼちゃあんを作り、10等分して丸める。
❸ボウルに白玉粉を入れ、水を少しずつ加えながら手で混ぜ、耳たぶくらいのやわらかさに練り、10等分して丸め、平たくつぶす。
❹③の生地で②を包み、白ごまをまぶし、160～170度の油でカラリと揚げる。

1 白玉の生地にかぼちゃあんを１個のせ、生地の縁をよせて包み、つまんで口を閉じる。その後、手の上で転がして形を団子状に整える。

2 バットにごまを広げ、かぼちゃ団子を転がしながら全体にごまをまぶしていく。手で軽く抑えてごまをしっかりくっつける。

調理室より

ごまの香りがこうばしく、食欲をそそります。かぼちゃの代わりにさつまいもでもどうぞ。

つぶしやすいかぼちゃならラクにできちゃう！
スイートパンプキン

ききょう保育園

●材料（５人分）

かぼちゃ……………………………………250ｇ
牛乳…………………………大さじ１と1/2
バター…………………………………………20ｇ
レーズン……………………………………25ｇ
砂糖………………………………………大さじ1
溶き卵……………………………………1/2 個分

●作り方

❶かぼちゃは皮をむいて乱切りにし、ラップで包み、電子レンジで約4分30秒加熱する。レーズンはぬるま湯で戻しておく。
❷かぼちゃをボウルに入れてつぶし、牛乳、バター、レーズン、溶き卵を加えて混ぜる。
❸アルミケースに②を等分して詰め、オーブントースターで3～4分焼いて焦げめをつける。

かぼちゃの風味が口の中いっぱいに

パンプキンケーキ

浴光保育園

●材料（4人分）

かぼちゃ ……………………………………110g
マーガリン ……………………………………40g
砂糖……………………………………………20g
卵………………………………………………1個
ホットケーキミックス…………………… 45g
牛乳…………………………………………20cc

●作り方

❶かぼちゃは皮をむいて乱切りにし、ラップで包み、電子レンジで約2分強加熱してつぶす。
❷ボウルにマーガリンを入れて泡立て器でクリーム状に混ぜ、砂糖を少しずつ加えて白っぽくなるまで混ぜる。
❸卵を溶いて②へ少しずつ加えて、そのつど混ぜ、かぼちゃを加えてさらに混ぜる。
❹ホットケーキミックスを加えて木べらでさっくり混ぜ、牛乳も加えて混ぜる。
❺パウンド型またはアルミケースに生地を流し入れ、180度のオーブンで約30分焼く。

調理室より

かぼちゃいっぱいの、しっとりめのケーキです。かぼちゃは、完全につぶさずに、少しブロックを残してもおいしいですよ。

ホットケーキミックスでできる

本格的な和風のおやつがアッという間にでき上がり

かぼちゃまんじゅう

ひいらぎ保育園

●材料（4人分）

かぼちゃ……………………………………80g
バター…………………………………………4g
ホットケーキミックス………………120g
水……………………………………………適量
砂糖…………………………………………4g
塩……………………………………………少々

●作り方

❶かぼちゃは皮をむいてゆでてつぶし、バターと砂糖、塩を混ぜ、4等分して丸める。
❷ホットケーキミックスに水を少しずつ加えて、耳たぶくらいのやわらかさに練る。
❸②の生地を4等分して4～5mm厚さにのばし、①をのせて包む。
❹蒸気の上がった蒸し器にクッキングペーパーを敷いて③を並べ、約15分蒸す。竹串をさしてみて、生地がついてこなかったら蒸し上がり。

調理室より

かぼちゃとバターの風味は相性が抜群！中の具はいろいろな野菜でアレンジできます。

ほうれんそう

ビタミン、鉄分たっぷりの緑黄色野菜の王様。食物繊維も豊富です。おやつに入れればおいしさもアップ！彩りもぐんと鮮やかになります。

鮮やかなグリーンが食欲をそそります。口当たりもフワフワ！

ポパイマドレーヌ

千春保育園

1 ほうれんそうはあらかじめ細かく刻み、水を少し足してすりつぶすとラク。繊維が少し残っても気にしない。

2 卵白の泡を消さないように、ゴムべらや木べらで切るようにさっくりと混ぜるのがコツ。これでふっくら焼き上がる。

調理室より

ほうれんそうが苦手な子でもよく食べます。同じ分量のにんじん、かぼちゃでもOK。にんじん、かぼちゃはミキサーにかけるとき、ゆで汁を少し足します。

●材料（4人分）

ほうれんそう	40g
水	少々
マーガリン	15g
卵	1個
小麦粉	80g
ベーキングパウダー	小さじ1と1/2
砂糖	25g

●作り方

❶ほうれんそうはゆでて水けを軽く絞り、細かく刻む。すりばちに水とともに入れて、すりこぎですりつぶす。

❷卵は卵白と卵黄に分け、卵白は角が立つまで泡立てる。マーガリンは湯せんにかけて溶かしておく。

❸ボウルに小麦粉とベーキングパウダーを合わせてふるい入れ、砂糖、卵黄、溶かしたマーガリン、①を加えてさっくり混ぜる。

❹最期に泡立てた卵白を加えてゴムべらや木べらでさっくり混ぜ、型に等分して流し入れる。

❺170度のオーブンで約10分焼く。

ホットケーキミックスでできる

市販の生地に野菜と三温糖のコクをプラス

ほうれんそうのカップケーキ

光沢寺保育園

調理室より

ほうれん草の緑にチーズの黄色が映えます。三温糖にはミネラルとカルシウムが含まれているので、おやつ作りにもおすすめです。

●材料（4人分）

ほうれんそう……………………30g
バター……………………………20g
プロセスチーズ…………………20g
ホットケーキミックス…………80g
牛乳……………………………60cc
三温糖……………………………15g

●作り方

❶ほうれんそうはゆでて細かく刻み、バターは湯せんにかけて溶かす。
❷チーズは7～8mm角に切る。
❸ボウルにホットケーキミックスと牛乳を入れて混ぜ、①と三温糖、チーズの半量を加えてさらに混ぜる。
❹カップに③の生地を等分して流し入れ、残りのチーズを散らして、蒸気の上がった蒸し器に並べる。強火で10～15分蒸す。

バター控えめのあっさりルウがおやつ向き

野菜たっぷりのグラタン

赤ちゃんの家保育園

調理室より

体があたたまる冬の定番メニュー。子どもたちが大好きなおやつのひとつです。

●材料（2人分）

ほうれんそう……………………30g
玉ねぎ……………………………50g
にんじん…………………………20g
じゃがいも………………………30g
マカロニ…………………………20g
ルウ
　牛乳…………………………70cc
　バター……………………小さじ1
　小麦粉……………………大さじ1
　固形スープの素……………1/2個
パン粉……………………………適量
粉チーズ…………………………適量
パセリ……………………………適量
塩…………………………………少々

●作り方

❶野菜は細かく切り、ほうれんそう以外の野菜をひたひたの水と固形スープの素で煮る。
❷ほうれんそうは別鍋でゆでて水にとり3cm長さに切る。マカロニもゆでる。
❸鍋にルウの材料を入れて中火にかけ、だまにならないように混ぜ、ゆるめのルウを作る。
❹③に①を混ぜて塩で味を調え、最後に②を加えて混ぜる。
❺耐熱容器に④を入れ、パン粉、粉チーズをふり、200 度のオーブンで10～15分焼き、パセリを散らす。

さつまいも

主成分はエネルギー源になる糖質で、ビタミンCや食物繊維も豊富。和風、洋風と、おやつにメニューに大活躍してくれる素材です。

チーズの塩気でおいもの甘さがグンと引き立つ

チーズサンドおさつ

バオバブ保育園

調理室より

お昼ごはんをどんなにいっぱい食べても、このおやつなら子どもたちもペロリ。それくらい、みんなの大好きなおやつなんです。

●材料（2～3人分）

さつまいも……………………300g
プロセスチーズ……………150g

●作り方

❶さつまいもは皮をむき、1cm厚さの長方形に切る。
❷チーズはさつまいもと同じ大きさに切る。
❸さつまいも2枚でチーズをはさみ、アルミホイルに包んで、180度のオーブンで15～20分焼く。竹串をさしてみて、やわらかくなっていたらでき上がり。

アルミホイルはさつまいもよりひと回り大きく切り、チーズサンドおさつをのせて、中身が出ないようにぴっちり包む。

油で揚げておいもの甘みも香ばしさもアップ

ほくほく大学いも

ひいらぎ保育園

調理室より

しょうゆが入ったみたらし風のあめが特徴です。1つ食べたらやめられないおいしさですよ。

●材料（4人分）

さつまいも……………………………200g
黒ごま……………………………大さじ1/2
砂糖………………………………………20g
しょうゆ…………………………大さじ1/2
水…………………………………………少々
揚げ油……………………………………適量

●作り方

❶さつまいもはよく洗い、ひと口大の乱切りにして水にさらし、水けをよくきる。
❷小鍋に砂糖としょうゆ、水を入れて弱火にかけ、焦がさないように煮詰める。
❸170度の油で①をきつね色になるまで揚げ、油をきって②とからめ、黒ごまを全体にふる。

定番おやつを控えめのバターと牛乳で低カロリーに

スイートポテト

聖ルカ保育園

●材料（８個分）

さつまいも……………………………350ｇ
バター……………………………………15ｇ
砂糖………………………………………15ｇ
牛乳……………………………………40cc
卵……………………………………1/2 個
照り用の卵黄・水……………………各少々
バニラエッセンス………………………少々

●作り方

❶さつまいもは皮をむいて乱切りにし、ラップで包み、電子レンジで約７～８分加熱し、熱いうちにつぶす。
❷鍋にバター、砂糖、牛乳を入れて中火にかけ、沸騰させないようにして溶かす。
❸①に②を加えてよく混ぜ、バニラエッセンスと溶いた卵も加えてさらに混ぜる。
❹アルミケースに③を等分してこんもりと詰め、表面をナイフでならす。
❺照り用の卵黄と水を混ぜたものをハケで塗り、オーブントースターで表面に焼き色がつくまで４～５分焼く。

調理室より

材料を混ぜ合わせるときにフードカッター使うと、とてもなめらかになって食べやすくなります。

シャキッとしたりんごの歯ざりが絶妙のアクセント

りんごいもようかん

神愛保育園

1 さつまいもは熱いうちにフォークの背でよくつぶす。できるだけ細かくつぶしたほうが、なめらかな仕上がりになる。

2 りんごは焦げつかないように水少々を加えて煮るのがポイント。汁けがなくなるまで、弱火でじっくり煮る。

3 さつまいもが全体によく混ざったら、次にりんごを加えて混ぜる。余熱があるうちに混ぜると全体になじみやすいので、手早く！

調理室より

りんごの甘酸っぱさとさつまいもの甘さがとても合うおやつです。こんな和風の素朴なおやつが、子どもたちに人気です。

●材料（500ccの牛乳パックの型１個分）

さつまいも……………………………250ｇ
りんご…………………………………100ｇ
砂糖……………………………………50ｇ
水………………………………………少々
牛乳…………………………………250cc
粉寒天……………………………………4ｇ

●作り方

❶さつまいもは皮をむいて乱切りにし、かぶるくらいの水でゆでる。ゆであがったら水を捨てて熱いうちにつぶす。
❷りんごは皮をむいて種を取り、薄くいちょう切りにする。これを鍋に入れ、砂糖25ｇ、水少々を加えて汁けがなくなるまで煮る。
❸鍋に牛乳を入れて粉寒天をふり入れ、中火にかける。沸騰したら火を止め、残りの砂糖、①と②を加えて木べらでよく混ぜる。
❹牛乳パックを横にして型にし、③を入れて表面を平らにならし、冷蔵室で１時間ほど冷やし固める。食べやすい大きさに切って皿に盛る。

おいもがそのままおまんじゅうのあんに変身！

いきなりだんご

鳩の森保育園

●材料（4人分）

さつまいも……………………60g
ゆであずき（缶詰）…………30g
小麦粉…………………………80g
塩………………………………少々
水………………………………適量

●作り方

❶さつまいもはよく洗い、5mm厚さに切り、水にさらして水けをきる。
❷ボウルに小麦粉と塩を入れ、水を少しずつ加えながら耳たぶくらいのやわらかさに練る。
❸②を8等分して丸め、3～4mm厚さにのばして①とあずきをのせる。
❹蒸気の上がった蒸し器にクッキングペーパーを敷いて③を並べ、中火で10～15分蒸す。

調理室より

熊本の郷土食。昔、忙しい農家の人たちが手間をかけずに生のいもを「いきなり」入れて作ったのが名前の由来。やさしい甘さの素朴な味です。

アツアツを思わずほうばりたくなるおいしさ

おさつまんじゅう

よいこのもり第2保育園

調理室より

紫いもを使うと、また違った色のあんこができるので、見た目も楽しくなりますよ。

●材料（10個分）

さつまいも……………………120g
三温糖…………………………75g
塩………………………………少々
重曹……………………………2g
水…………………………小さじ2と1/2
ぬるま湯………………………40cc
小麦粉…………………………100g
片栗粉…………………………小さじ1

●作り方

❶さつまいもは皮をむいて乱切りにし、ラップで包み、電子レンジで約2分30秒加熱する。
❷すりばちに①と三温糖25g、塩を入れ、すりこぎでよく混ぜてあんを作り、10等分して丸める。
❸ボウルに重曹と水小さじ1と1/2 を入れて溶かし、ぬるま湯で溶かした三温糖50gを加えて混ぜる。そこへ小麦粉をふるい入れ、切るようにさっくりと混ぜ合わせる。
❹手に打ち粉をつけて③を10等分して丸め、手のひらで平らにのばし、②を包んで形を丸く整える。表面に小さじ1の水で溶いた片栗粉をハケで塗る。
❺蒸気の上がった蒸し器にクッキングペーパーを敷いて④を並べ、中火で10～15分蒸す。

食感がよくて素朴な味わい
子どもに食べさせたいのはこんなおやつ

いもきびもち

鳩の森保育園

●材料（4個分）

さつまいも……………………………160g
きび……………………………………40g
きな粉…………………………………適量
砂糖……………………………………少々
塩………………………………………少々

●作り方

❶さつまいもは皮をむいて乱切りにし、水にさらす。きびは洗って、30分水につける。
❷蒸気の上がった蒸し器にふきんを広げ、きびを平らに入れて中火で蒸し、5分後打ち水をする。
❸きびの上にさつまいもを入れ、再び30分ほど蒸す。
❹蒸し上がったきびとさつまいもをボウルに移し、すりこぎでつぶしながらよく混ぜ、ひと口大の小判型にまとめる。
❺きな粉、砂糖、塩を混ぜて④にまぶす。

きびを蒸し始めて5分立ったら、手に水をつけてきびの上にふりかける。途中で一度打ち水をすることで、ふっくら蒸し上がる。

調理室より

さつまいものホクホク感と、きびのもちもちとした食感が絶妙です。また、不足しがちなミネラルもきびでとれます。

作り方はいたってシンプル
大人のお茶うけにも最適！

コロコロボール

聖ルカ保育園

●材料（10個分）

さつまいも……………………………200g
栗の甘露煮……………………………40g
無塩バター……………………………15g
砂糖……………………………………15g
生クリーム……………………………40cc
卵黄……………………………………1/2 個分
コーンフレーク ……………………100g

●作り方

❶さつまいもは皮をむいて蒸す。
❷栗は汁けをきり、5mm角に切る。
❸熱いうちに①をつぶしてバターを加え、余熱で溶かして混ぜる。続いて、砂糖、生クリーム、卵黄、栗を加えてさらに混ぜる。
❹ひと口大のボール状に丸め、コーンフレークをまわりにつける。

調理室より

外側はコーンフレークでパリパリ、中には栗がコロコロ入ってほっくり。ついつい手が出るおやつです！

おいも堀りのあとはお楽しみがいっぱい！

くりのみ保育園

10月末になると、近くの畑に出かけて恒例のおいも堀りをします。どこを掘ればいいのかわからなくて戸惑いながらも、みんな泥んこになって一生懸命堀り出します。掘ったさつまいもはお家へお土産。その日のメニューには天ぷら、煮もの、スイートポテト、おいものみそ汁など、いろいろなさつまいもメニューが食卓にのぼります。保育園でのいも煮会や焼きいも大会も楽しいイベント。おいもひとつで、いろいろな体験ができます。ご家庭でも、いも堀やおいも料理にチャレンジしてみてはいかが？

にんじん

ビタミンのなかでもカロチンが豊富。すりおろしたりつぶしたりすれば、苦手な子でも平気でパクパク。おやつメニューにうってつけの野菜です。

軽～い歯ごたえのからだにやさしおやつ

にんじんクッキー

あかね保育園

調理室より

甘すぎず、ごまの香りがこうばしいクッキーです。にんじんを入れることでいろどりもきれいになります。

●材料（２人分）

にんじん……………………………20g
バター………………………………25g
砂糖…………………………………20g
溶き卵………………………………1/2個
小麦粉………………………………80g
白いりごま …………………………5g

●作り方

❶にんじんはすりおろす。
❷ボウルにバターを入れて泡立て器でクリーム状に混ぜ、砂糖、溶き卵を加えてさらに混ぜる。
❸①へ小麦粉をふるい入れて木べらでさっくり混ぜ、②とごまを加えてさらに混ぜる。生地をひとまとめにしてビニール袋に入れ、冷蔵室で30分ほど休ませる。
❹打ち粉をふった台に生地をのせ、めん棒で３～４mm厚さにのばして好みの型で抜く。
❺天板にクッキングペーパーを敷いて④を並べ、180度のオーブンで約15分焼く。

生地にパーツに、にんじが大活躍！かわいいお顔ができたかな？

お絵かきホットケーキ

赤ちゃんの家保育園

調理室より

ほんのり赤いまあるいホットケーキに、甘くゆでたにんじん、干しぶどう、などで顔をかきます。子どもたちが参加して作る楽しいおやつです。

●材料（４人分）

にんじん……………………………40g
小麦粉………………………………70g
ベーキングパウダー…小さじ1/3
卵……………………………………１個
砂糖…………………………………30g
バター………………………………20g
牛乳…………大さじ１～１と1/2
飾り（顔のパーツ）用
　にんじん…………………………適量
　レーズン…………………………適量
　いちごジャム……………………適量
サラダ油……………………………適量

●作り方

❶にんじんは細かいみじん切りにする。
❷ボウルに卵と砂糖を入れてよく混ぜ、小麦粉とベーキングパウダーを合わせてふるい入れ、木べらでさっくり混ぜる。
❸②に溶かしバターと①を加えて混ぜ、生地の固さをみながら牛乳も少しずつ加えてさっくりと混ぜる。
❹フライパンにサラダ油を薄くひき、③の1/4 量を流し入れて両面を焼く。残りも同様に焼く。
❺薄い輪切りにして甘くゆでたにんじん、レーズン、ジャムなどで好きな顔を作る。

さわやかな甘みと酸味のプルルンデザート

キャロットゼリー

赤ちゃんの家保育園

●材料（２人分）

にんじん……………………………………20ｇ
粉ゼラチン…………………………………5ｇ
水………………………………………大さじ2
みかんジュース（果汁100％）……200cc
砂糖…………………………………………5ｇ

●作り方

❶にんじんはやわらかくゆでて、つぶす。粉ゼラチンは分量の水にふり入れてふやかしておく。
❷鍋にみかんジュースと砂糖を入れて中火にかけ、砂糖が溶けたら火を止める。
❸ふやかしたゼラチンを加え、かき混ぜながら余熱で完全に溶かし、にんじんも加えてよく混ぜる。
❹型に③を等分して流し入れ、冷蔵室で１時間ほど冷やし固め、皿に盛る。

調理室より

ビタミンCをこわさないように、園ではにんじんはゆでて、フードプロセッサーでマッシュしています。ういろうみたいな独特の食感ですよ。

ホットケーキミックスでできる

レーズンが入って風味がアップ！

キャロットちゃんの蒸しケーキ

光沢寺保育園

調理室より

にんじんジュースを使うので、にんじん嫌いな子も食べられます。さつまいも・栗の甘露煮・バナナ・パインや、ココアとナッツを入れてもOK。

●材料（４人分）

にんじんジュース…………………50cc
ホットケーキミックス……………80ｇ
スキムミルク…………………………5ｇ
砂糖……………………………小さじ4
レーズン………………………………6ｇ

●作り方

❶レーズンは細かく刻む。
❷ボウルにホットケーキミックス、スキムミルク、砂糖、にんじんジュース、①を入れてゴムべらでさっくり混ぜる。
❸アルミケースに③を等分して流し入れ、蒸気の上がった蒸し器で約15分蒸す。

じゃがいも

ゆでてマッシュの基本調理で、大好きおやつに早変わり。ビタミン豊富で甘くないので、子どものおやつにどんどん取り入れたいもの。

調理室より

一度に食べる量の少ない子どもでも十分なエネルギーを摂取できます。じゃがいもをさつまいもにしてもおいしいです。ネーミングも人気の秘訣！

バターの風味が食欲をそそる こんがり香ばしい磯辺焼き風
じゃが丸くん

光沢寺保育園

●材料（4人分）

じゃがいも	小4個
塩	少々
片栗粉	大さじ1
バター	15g
焼きのり	適量
もみのり	適量

●作り方

❶じゃがいもは皮をむいてゆでる。熱いうちに塩、片栗粉、バターをまぜてつぶす。
❷①を2等分して半量にもみのりを混ぜ、それぞれ小判型にする。
❸フライパンを熱し、②を並べて両面を色よく焼く。もみのりを加えていないほうに、焼きのりをくるりと巻く。

マッシュポテトにこくのある材料をプラス
ポテトお焼き

浴光保育園

●材料（2人分）

じゃがいも	中1個
豚ひき肉	20g
玉ねぎ	20g
マーガリン	4g
塩	少々
牛乳	大さじ1
粉チーズ	適量
サラダ油	少々

●作り方

❶じゃがいもは皮をむいて4等分に切り、ゆでる。熱いうちにつぶして、マーガリンと塩を混ぜる。
❷フライパンにサラダ油を熱して粗みじんに切った玉ねぎを炒め、しんなりしたら豚ひき肉を加えて炒め合わせる。
❸①と②を合わせて混ぜ、牛乳を加えてさらに混ぜる。型に入れて粉チーズをふる。
❹250度のオーブンで焦げめがつくまで焼く。

じゃこも入ってカルシウムがとれます
じゃがいものお好み焼き

ききょう保育園

●材料（2人分）

じゃがいも	中2個
にんじん	20g
ちりめんじゃこ	10g
ケチャップ	適量
サラダ油	少々

●作り方

❶じゃがいもは皮をむいてゆで、つぶす。
❷にんじんはみじん切りにし、サッとゆでる
❸①と②、ちりめんじゃこを混ぜ、2等分して小判型にまとめる。
❹フライパンにサラダ油を熱し、③をこんがり焼く。皿に盛ってケチャップをかける。

ほくほくおじゃがにカレー風味がマッチ！

インドサモサ風

井の頭保育園

●材料（４人分）

じゃがいも……………………………………………中１個
豚ひき肉……………………………………………………40ｇ
玉ねぎ…………………………………………………1/4個
ぎょうざの皮………………………………………………8枚
カレー粉……………………………………………………少々
塩……………………………………………………………少々
ケチャップ…………………………………………………適量
サラダ油……………………………………………………少々
揚げ油………………………………………………………適量

●作り方

❶じゃがいもは皮をむいてゆで、熱いうちに粗くつぶす。
❷フライパンにサラダ油を熱し、みじん切りの玉ねぎを炒め、しんなりしたら豚ひき肉を加えて炒め合わせ、カレー粉と塩で調味する。
❸①と②を混ぜて、ぎょうざの皮に等分してのせ、皮の縁に水をつけてぴったり閉じる。
❹180 度の油できつね色になるまで揚げ、ケチャップを添える。

揚げ物を上手に揚げるコツ

揚げものを油っぽくなくカラリと揚げるのは意外と難しいものです。上手に揚げるいちばんのポイントは、揚げるものを油の中に入れすぎないこと。油の温度が下がって、ベタッとした仕上がりになってしまいます。指定された温度を守って入れすぎを防げばOK。失敗なく、カラッと香ばしくでき上がりますよ。

カリッと焼けた生地のおいしさに本格ピザも脱帽！

じゃがいもピザ

聖ルカ保育園

調理室より

チーズがとろけてベーコンとマッチ。冷めてもおいしいおやつです。保育園では、乱切りをつぶさず、アルミカップに入れて焼きます。

●材料（４個分）

じゃがいも………………………………中2個
ピザ用チーズ……………………………25ｇ
ベーコン…………………………………20ｇ
ケチャップ………………………………適量

●作り方

❶じゃがいもは皮をむいて乱切りにし、ゆでてつぶす。
❷①を直径７～８cmの丸形に整え、せん切りのベーコンとピザ用チーズをのせてケチャップをかける。
❸オーブントースターでチーズに焦げめがつくまで５～６分焼く。

苦手な野菜がぱくぱくいけちゃうメニュー

形を変えたり子どもの好きな材料をプラスすれば、嫌いな野菜もなんのその。「おかわり」の声も聞こえてきます。

自然のおいしさをまるごといただく手作りスナック

いろいろ野菜の素揚げチップス

和光保育園

調理室より
いろいろな野菜を使うので、栄養があり、形や色も楽しめて一石二鳥。予想以上に大好評だったおやつです。

●材料（４人分）

さつまいも……240g
にんじん……120g
いんげん……7〜8本
れんこん……80g
塩……適量
揚げ油……適量

●作り方

❶さつまいもは薄い輪切り、にんじんは皮をむいて薄切りにし、ともに水にさらす。いんげんは洗い、れんこんは皮をむいて薄切りにし、酢水にさらす。（薄切りにするときはスライサーがあると便利）
❷野菜の水けをキッチンペーパーでしっかりふいて、170度の油でカリッと揚げ、塩をパラパラかける。

彩り鮮やか、風味も豊かな満点おやつ

三色みたらしだんご

のーびる保育園

調理室より
野菜の自然な色合いがきれいなお団子です。「野菜」を感じないで食べられる野菜おやつです。

●材料（４人分）

白玉粉……220g
トマト……100g
かぼちゃ（正味）……60g
ほうれんそう……25g
水……適量
たれ
しょうゆ……大さじ2
砂糖……大さじ3
水……大さじ4
片栗粉……小さじ2

●作り方

❶トマトは熱湯をかけて皮をむき、種を取って裏ごしする。かぼちゃはやわらかくゆでてつぶす。ほうれんそうはやわらかくゆでてすりつぶす。
❷トマトと白玉粉80g、かぼちゃと白玉粉40g、ほうれんそうと白玉粉100gをそれぞれ混ぜ、水を少しずつ加えて耳たぶくらいのやわらかさに練る。
❸②をひと口大のだんご状に丸め、沸騰した湯に入れてゆで、冷水にとる。
❹たれの材料を鍋に入れて弱めの中火にかけ、木べらで混ぜながらとろみがつくまで煮詰める。
❺三色だんごを串にさしてたれをかける。

田楽風のみそがほっくりおいもにベストマッチ

里いものごまみそかけ

豊川保育園

調理室より

里いもはちょっと苦手という子でも、香ばしい甘みそにつられて食べてしまいます。

●材料（４人分）

里いも……8個
ごまみその調味料
- 赤みそ……20ｇ
- 砂糖……20ｇ
- みりん……少々

白ごま……適量

●作り方

❶里いもは皮をつけたまま水でよく洗ってやわらかくなるまでゆでる。
❷鍋にごまみその調味料を入れて弱めの中火にかけ、木べらで混ぜながらひと煮立ちさせる。
❸ごまをフライパンで炒り、すりばちで香ばしくすり、②に加えて混ぜる。
❹里いもの皮をむき、ごまみそをつけて食べる。

おいしい香りにつられてついつい手が出る

お好みねぎ焼き

鳩の森保育園

●材料（４人分）

万能ねぎ……20ｇ
桜えび……適量
小麦粉……80ｇ
卵……１個
水……適量
削り節……適量
しょうゆ……少々
サラダ油……少々

●作り方

❶万能ねぎは小口切りにする。
❷小麦粉に溶き卵と水を少しずつ入れて混ぜ、ゆるめのタネを作る。
❸熱したフライパンにサラダ油を薄くひき、油がなじんだら弱火にして②をおたまで流し入れて直径10cm大にのばし、ねぎと桜えび、削り節をのせる。
❹焼き色がついたら裏返して焼き、もう一度返して、ねぎの面にハケでしょうゆを塗る。

調理室より

焼き上がりがとても香ばしく、みんながのぞきに来ます。子どもたちの目の前で焼くと、早く食べたくて目がくぎづけ！

保育園に聞いた、野菜が嫌いな子どものための調理テク

“うちの子は野菜が嫌いだから、食べさせるのが大変！”というママはぜひ注目を。おいしくて手軽にできる保育園の野菜料理のテクニックをご紹介します。

「にんじんやほうれんそうなどの野菜を、蒸しパンやホットケーキなどの子どもが好きなおやつに入れると、やはりよく食べるもの。こんなおやつをきっかけに、野菜が食べられるようになる子も多いんです。混ぜ方も、小さめに切って入れるほか、つぶしたり裏ごしして入れると、抵抗なく食べられるみたいです。ミックスベジタブルをホットケーキに入れるなどのおやつも、喜んで食べてくれますよ。（あかね保育園）」

「焼きそばや焼きビーフンなどがおすすめ。キャベツやにんじん、玉ねぎなどいろいろな野菜を入れますが、みんなよく食べています。また、おでんは子ども達にとても人気があります。なかでも大根はあっという間に食べちゃうほどです。ほかには、野菜を細かく刻んで肉まんやピロシキなどの具に入れるのも。お料理の本とにらめっこしながら、ぜひ挑戦してください！（バオバブ保育園）」

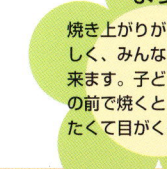

“フルーツいっぱい”のおやつ

りんご、バナナ、いちご、フルーツ缶…　みんなが大好きなおなじみのフルーツが、かわいいおやつに早変わり。どれもおいしくてほっぺが落ちそう！

りんご

手頃な値段で一年中手に入るので、日々のおやつにうってつけの果物。酸味の強い「紅玉」や甘みの多い「ふじ」など、種類に合った使い分けを。

このシンプルさがからだにやさしい
卵と牛乳を使わないりんごケーキ

和光保育園

調理室より

卵・牛乳アレルギーがある子でも食べられるケーキです。砂糖はてんさい糖を使うと、より安心です。

●材料（４人分）

りんご……………………………………170ｇ
小麦粉 ……………………………………70ｇ
ベーキングパウダー　……………小さじ2/3
砂糖 ………………………………………60ｇ
塩…………………………………………少々
サラダ油…………………………………40cc

●作り方

❶りんごは芯をとり、2〜3mm厚さのいちょう切りにする。
❷小麦粉とベーキングパウダー、砂糖を合わせてボウルにふるい入れ、サラダ油とりんご、塩を加えてよく混ぜる。
❸耐熱容器に②を入れ、表面を平らにならして180度のオーブンで30〜40分焼く。

切り口以外はアルミホイルですっぽり包んで型くずれと焦げつきを防ぐ。

豊かな風味がお口のなかでとろけます
焼きりんご

鳩の森保育園

●材料（４人分）

りんご…………………………………………2個
砂糖……………………………………大さじ2
バター…………………………………大さじ１
シナモン…………………………………適量

●作り方

❶りんごはきれいに洗い、横半分に切って芯を取る。
❷砂糖とバターを練り合わせ、くり抜いた芯の部分に入れてシナモンをふる。
❸りんごをアルミホイルで包み、250度のオーブンで15〜20分焼く。

調理室より

りんごは紅玉を使うと、甘酸っぱくておいしいです。電子レンジでチンしてもできますよ。

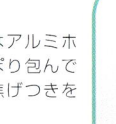

スティック状で食べやすいのもうれしい

アップル春巻き

ひいらぎ保育園

調理室より

手軽でおいしくて、子どもたちも大好きなおやつです。1本では満足してくれません。

●材料（4人分）

りんご……1/2個
砂糖……25〜30g
レモン汁……少々
春巻きの皮……4枚
水溶き片栗粉……少々
揚げ油……適量

●作り方

❶りんごは皮をむいて薄切りにし、砂糖、レモン汁を加えてジャム状になるまで煮る。
❷春巻きの皮は縦2等分に切り、①をのせて細長い棒状に包み、巻き終わりを水溶き片栗粉ののりでとめる。
❸170の油できつね色になるまで揚げる。

「りんごだけでなく、市販のカステラを中に入れて包むと、ボリュームのあるおやつになりますよ」――あかね保育園

ぎょうざの皮でもOK 聖ルカ保育園

フワッとしたスポンジの中にサクサクりんごがしっかり主張!

アップルマフィン

みたか小鳥の森保育園

調理室より

手軽に作れるおすすめメニューです。りんごのサクッとした歯ざわりも楽しめます。

●材料（5人分）

りんご……100g
小麦粉……110g
ベーキングパウダー……小さじ1
バター……20g
卵……小1個
砂糖……25g
牛乳……35cc

●作り方

❶りんごはよく洗い、皮つきのまま薄切りにする。
❷ボウルに卵と砂糖を入れて泡立て器でよく混ぜ、牛乳を加えてさらに混ぜる。
❸小麦粉とベーキングパウダーを合わせて②へふるい入れ、ゴムべらでさっくりと混ぜる。
❹りんご、溶かしバターの順に加えてそのつど混ぜ、アルミケースに等分して入れる。
❺180度のオーブンで15〜20分焼く。

カントリーアップルパイ

りんごとレーズンがぎっしり詰まった手作りならではの味

バオバブ保育園

調理室より

園で作るときは、18枚焼きました。子どもも大喜び。パイ生地は、一度覚えるといろいろなパイに使えます。

●材料（直径18cmの型１個分）

りんご……500g
砂糖……60〜70g
バター……大さじ１
レモン汁……少々
レーズン……100g
パイ生地
- 小麦粉……200g
- バター……140g
- 冷水……大さじ4〜5

●作り方

❶りんごは縦半分に切って皮と芯を取り、2〜3mm厚さのいちょう切りにする。
❷鍋にりんごと砂糖を入れて中火にかけ、りんごが透き通ってきたらバター、レモン汁、レーズンを加えて汁けがなくなるまで煮る。
❸下を参照にしてパイ生地を作る。
❹パイ生地の半量を、型よりもひと回り大きめの円形にのばし、型にぴったりとしき、②を詰める。
❺残りの生地を直径18cmの円形にのばして④の上にかぶせ、縁をしっかり止める。表面にフォークで数カ所空気穴をあける。
❻180 度のオーブンで30分焼く。

パイ生地の作り方

1 台に小麦粉と冷やしたバターを9等分に切ったものをのせ、スケッパーでバターがあずき大になるまで手早く切り込む。

2 バターを混ぜた粉を中央をくぼませてドーナツ状に盛り、くぼみの中に冷水を少しずつ注ぎながら手早く混ぜる。

3 はじめはスケッパーで混ぜ、生地がしっとりとなじんできたら手でまとめていく。生地が手にくっつかなくなればOK。

4 生地をひとまとめにしたら、この状態で一度ラップに包み、冷蔵室で１時間ほど休ませて生地を落ちつかせる。

5 打ち粉をふった台の上に生地をのせ、めん棒で細長くのばして3つ折りにし、再びのばす。これを4〜5回繰り返して層を作る。

6 生地をラップに包み、再び冷蔵室で１時間以上休ませる。バターが冷え、粉のグルテンが落ち着いて軽い焼き上がりになる。

食後のデザートにもおすすめの味
りんごのコンポート ミルクソース

黎明保育園

調理室より
紅玉を使ったらすぐくずれてしまったので、普通のりんごを使っています。よく冷やして食べるとおいしいです。

●材料（3人分）
りんご……………………………1個
砂糖………………………………40g
水…………………………………300cc
レモンの輪切り ……2〜3枚
ミルクソース
牛乳………………………60cc
砂糖……………… 大さじ1/2
コーンスターチ
………小さじ1と1/2

●作り方
❶りんごは皮をむいて薄切りにする。
❷鍋に砂糖と分量の水を入れて強火にかけ、沸騰したら弱火にし、りんごとレモンを加えて透き通るまで煮る。粗熱がとれたら器に盛って冷蔵庫で冷やす。
❸別鍋にミルクソースの材料を入れて弱めの中火にかけ、焦げないように混ぜながらとろみがつくまで煮て室温でさましておく。
❹②に③をかける。

からだにやさしい昔ながらのおやつ
りんごとさつまいもの重ね煮

光沢寺保育園

調理室より
りんごとさつまいもがよく合って、アップルパイとスイートポテトが両方味わえます。好みで生クリームをのせたり、パイにはさんでもgood！

●材料（4人分）
りんご……………………200g
さつまいも………………200g
マーガリン…………小さじ2
砂糖………………………大さじ1
レーズン…………………大さじ1
水 ……………………………適量

●作り方
❶りんごは皮をむいて3〜4mm厚さのいちょう切りにする。さつまいもは皮をむいてりんごと同じ大きさに切り、水にさらす。
❷鍋にりんごとさつまいもを交互に並べ、マーガリンと砂糖をのせる。材料の高さの半分まで水を入れて弱火にかけ、汁けがなくなるまで煮て、粗熱がとれたら器に盛る。
❸レーズンに熱湯をかけてふやかし、②にかける。

いつものスイートポテトがひと味違ったおいさに！
アップルポテト

ききょう保育園

調理室より
紅玉で作るといっそうおいしい。りんごの酸味で、さつまいもの黄色がとても鮮やかです。さつまいもの苦手な人も食べやすいですよ。

●材料（5人分）
りんご……………………100g
砂糖………………………25g
さつまいも………………250g
バター……………………25g
牛乳………………………大さじ1
つや出し用の卵黄 ………少々

●作り方
❶りんごは皮をむいて、薄いいちょう切りにし、砂糖を加えて煮る。
❷さつまいもは皮をむき、小さめの乱切りにしてやわらかく煮、水けをとばしてつぶす。
❸②とバター、牛乳を合わせて混ぜ、①を加えてさっくり混ぜる。
❹③をケースに等分して詰め、表面に溶き卵を塗り、オーブントースターで焦げめがつくまで5〜6分焼く。

バナナ

腹持ちがよくて、食物繊維やカリウムが豊富な、栄養満点のフルーツ。焼いたり揚げたりのひと手間で、生のバナナとはひと味違った風味や甘みが味わえますよ。

ボリューム満点。カリカリの揚げたてをぜひ！

バナナ春巻き

あかね保育園

●材料（4人分）

バナナ ……………………………………4本
春巻きの皮 ………………………………4枚
粒あん（またはこしあん）……………適量
水溶き片栗粉……………………………少々
揚げ油 ……………………………………適量

●作り方

❶バナナは皮をむいて縦半分に切り、間に粒あんをはさむ。
❷春巻きの皮を広げて①をのせ、手前から包む。巻き終わりの端に水溶き片栗粉をつけて止める。
❸170度の油でカリッと揚げ、食べやすく切って皿に盛る。

1 あんは市販の粒あんまたはこしあんを利用。バナナを縦半分に切ったら、あんがバナナからはみ出さないようにのせる。

2 春巻きの皮にバナナをのせたら、手前からくるくるときっちり包み込む。バナナの大きさによっては、左右も折り込んでいく。

調理室より

園では豆からあんこをつくっていますが、市販のあんも手軽です。長く揚げすぎるとバナナが煮えてしまうので、高めの温度ですばやく揚げます。

いつものバナナがよそ行きに衣替え！

バナナボート

ひいらぎ保育園

●材料（4人分）

バナナ ……………………………………2本
生クリーム ………………………………適量
砂糖 ………………………………………適量
チョコスプレー …………………………適量
パイン缶 …………………………………適量
みかん缶 …………………………………適量
チェリー缶 ………………………………適量

●作り方

❶バナナの皮は上半分だけむいて2等分する。
❷生クリームに砂糖を入れてとろりと泡立て、バナナの上に飾り、チョコスプレーをかける。
❸フルーツを彩りよくのせてでき上がり。

調理室より

ふだん何気なく食べているバナナも、ちょっとデコレーションすれば特別な日のおやつに。子どもといっしょに飾りをつけしてみてはいかが？

ホットケーキミックスでできる

バナナケーキ

風味豊かに焼き上がる
ササッと手軽につくれるおやつ

聖ルカ保育園

●材料（4人分）

バナナ	大1本
ホットケーキミックス	180g
牛乳	100cc
卵	1個

●作り方

❶バナナはつぶして砂糖水（分量外）にくぐらせ、変色しないようにする。

❷ホットケーキミックスに牛乳と卵を入れて混ぜ、バナナを加えてさっくり混ぜ合わせる

❸アルミケースに等分して流し入れ、180 度のオーブンで約15～20分焼く。

調理室より

誕生会では、焼いたケーキを冷やして、その上に生クリームをのせて出したりします。子どもはホットケーキが大好きなのでとてもよく食べます。

フルーツフリッター

外はふっくら、なかはとってもジューシー！

のーびる保育園

●材料（15個分）

バナナ	1本
りんご	1/2個
卵	1/2個
砂糖	小さじ2
バター	小さじ2
小麦粉	35g
ベーキングパウダー	小さじ1/4
牛乳	大さじ2
揚げ油	適量

●作り方

❶バナナとりんごは皮をむいてひと口大に切る。バターは湯せんにかけて溶かしておく。

❷ボウルに卵と砂糖を入れて泡立て器でよく混ぜ、溶かしバターと牛乳を加えてさらに混ぜる。

❸小麦粉とベーキングパウダーを合わせて②へふるい入れ、泡立て器でさっくりと混ぜる。

❹フルーツに③をつけ、170度の油に入れ、転がしながら揚げる。ふっくらとして薄く色づいたらOK。

生地はホットケーキミックスを使ってもOK

調理室より

入れるフルーツは、いちごやぶどう、パイン缶などにしてもおいしくできます。

自然の甘さがいっぱい詰まったミニケーキ
コーン入りバナナマフィン

井の頭保育園

●材料（4人分）

バナナ……………………………………40g
レモン汁…………………………………少々
バター……………………………………30g
砂糖　……………………………………大さじ2
卵…………………………………………1/2 個
牛乳………………………………………大さじ2
小麦粉 …………………………………80g
ベーキングパウダー……………小さじ2/3
ホールコーン（缶詰）　…………………適量

●作り方

❶バナナは皮をむいて4～5mm厚さの輪切りにし、レモン汁をかけておく。
❷ボウルにバターを入れて泡立て器でクリーム状に練り、砂糖を加えてさらに混ぜる。
❸卵を溶きほぐして少しずつ加えて混ぜ、温めた牛乳も混ぜ合わせる。
❹小麦粉とベーキングパウダーを合わせて③へふるい入れ、ゴムべらでさっくりと混ぜる。バナナとコーンを加えてさらに混ぜ、型に等分して流し入れる。
❺180 度のオーブンで約15分焼く。

バナナのおやつで元気モリモリ

子どもの大好きな果物といえば、やはりバナナははずせません。歯が生えそろっていなくても食べやすいので、バナナをつぶしてヨーグルトとあえるなどは、離乳食でもおなじみです。エネルギー源にもなるので、小さい子どもの補食（おやつ）に、うってつけの素材なのです。

コクのあるバターソテーに、ヨーグルトの酸味を効かせて
焼きバナナのヨーグルトソースかけ

●材料（4人分）

バナナ……………………………………2本
バター……………………………………大さじ1
プレーンヨーグルト　……………1/2 カップ
砂糖（メイプルシロップでも）……小さじ1

●作り方

❶バナナは皮をむいて縦半分に切り、さらに2等分する。
❷フライパンにバターを溶かし、バナナの切り口を下にして弱めの中火でこんがり焼き、裏も色よく焼く。
❸皿にバナナを盛って、ヨーグルトと砂糖を混ぜたソースをかける。

いちご

数あるフルーツのなかでも、とくにビタミンCが豊富。春の香りがギュッと詰まったいちごのおやつは、みんなの大好物です。

いちごの香りがほんのり。やさしい甘さも人気です

桜色クッキー

バオバブ保育園

調理室より

いちごのプチプチ感が楽しめる、ピンク色のクッキーです。クッキー型で抜かなくてもかわいくできます。

1 バターは室温でやわらかくしておくと作業がラク。泡立てる気持ちでよく練り混ぜると、なめらかなクリーム状になる。

2 いちごはあらかじめ裏ごすかミキサーにかけてピューレ状にする。バターにいちごを加えたら、手早く全体になじませる。

3 粉を加えたら、木べらで切るように底からさっくりと混ぜ、最後に手でまとめる。粉っぽさがなくなれば、生地のでき上がり。

●材料（15個分）

いちご（ピューレ状）………50cc
小麦粉 ………………………130g
ベーキングパウダー……小さじ1/2
溶き卵 ……………………1/2個分
砂糖…………………………50g
バター………………………30g

●作り方

❶ボウルにバターを入れ、泡立て器でクリーム状に練り、砂糖を加えてよく混ぜる。
❷続いて溶き卵を加えて混ぜ、ピューレ状のいちごを加えてさらに混ぜる。
❸小麦粉とベーキングパウダーを合わせて②へふるい入れ、木べらでさっくりと混ぜる。
❹天板にクッキングペーパーを敷き、③をひと口大にちぎってのせる。
❺170〜180度のオーブンで12〜15分焼く。

こんなに手軽で
子どもも大満足のおいしさ！

フルーツサンド

ききょう保育園

調理室より

フルーツの彩りがきれいです。小さい子には、手に持って食べられるようにロールサンドにしてもいいですね。

●材料（4人分）

食パン（10枚切り）…………4枚
いちご………………………2〜3個
バナナ ……………………1/2 本
黄桃（缶詰）…………………1切れ
生クリーム……………………50cc
砂糖…………………………小さじ2
バニラエッセンス………………少々

●作り方

❶フルーツをはさみやすいように切る。
❷ボウルに生クリームと砂糖、バニラエッセンスを入れ、角が立つまで泡立て、①を混ぜる。
❸耳を取った食パン2枚で②をはさみ、4等分に切る。

ヨーグルトとの相性のよさは文句ナシ!

いちごのフローズンアイス

くりのみ保育園

調理室より

ヨーグルトといちごとの相性がとてもよいですが、バナナ、パイナップルを使ってもおいしくできます。

●材料（4人分）

いちご……………………………1/2パック
プレーンヨーグルト……………250g
生クリーム…………………………100cc
グラニュー糖………………………大さじ4

●作り方

❶ボウルに生クリームとグラニュー糖を入れてとろりとするまで泡立て、ヨーグルトといちごを加えて混ぜる。
❷容器に①を流し入れ、冷凍室で冷やし固める。
❸半分ぐらい固まってきたら、フォークでいちごをつぶしながら全体をよくかき混ぜ、再び冷凍室で完全に固める。

いちごは粗くつぶしてプチプチした食感を残す。フォークで全体をかき混ぜて空気を十分含ませると、なめらかな口あたりになる。

いちごのおいしさまるごとの失敗いらずの人気デザート

いちごババロア

ひいらぎ保育園

調理室より

いちごの季節になると必ず登場するおやつです。春らしい、子どもたちに季節感を伝えられる一品です。

●材料（5人分）

いちご ……………………………1/2パック
砂糖 ………………………………50g
粉ゼラチン…………………………10g
水 …………………………………大さじ4
牛乳………………………………200cc
卵黄………………………………1個分
生クリーム………………………50cc

●作り方

❶いちごと砂糖はミキサーにかけるか、よくつぶして混ぜ合わせる。粉ゼラチンは分量の水にふり入れてふやかしておく。生クリームはとろりと泡立てておく。
❷鍋に牛乳と溶きほぐした卵黄を入れて弱めの中火にかけ、沸騰直前にふやかしたゼラチンを入れて火を止め、木べらで混ぜて溶かす。
❸②をボウルに移し、ボウルの底を冷水にあてて木べらで混ぜながら粗熱をとる。
❹ピューレ状のいちごと泡立てた生クリームを加えて混ぜ、型に等分して流し入れる。
❺冷蔵室で2時間ほど冷やし固め、器に盛る。

いちごのおひなさまメニュー

カステラの台にいちごをチョン。ほら、おひなさまみたい！

いちごのひなケーキ

聖ヨゼフ保育園

●材料（4人分）

- カステラ……4切れ
- 生クリーム……100cc
- 砂糖……小さじ2
- いちご……4個
- ひなあられ……適量

●作り方

❶生クリームに砂糖を入れてとろりと泡立てる。いちごはヘタを取る。

❷カステラを横に倒して、生クリームをたっぷりスプーンでのせ、いちごを飾り、まわりにひなあられを散らす。

調理室より

毎年ひなまつりに年長の子どもたちが作り、保育士や他の園児にプレゼントします。作る子も、プレゼントされる子も、かわいいケーキにニコニコ。

自然の色味を生かした
華やかなお節句のおやつ

三色ひなゼリー

よいこのもり第2保育園

●材料（4人分）

赤いゼリー
- いちご……80g
- 粉寒天……4g
- 水……190cc
- 砂糖……25g

白いゼリー
- スキムミルク……20g
- ぬるま湯……80cc
- 粉寒天……4g
- 水……120cc
- 砂糖……25g

緑のゼリー
- 抹茶……4g
- 熱湯……40cc
- 寒天……4g
- 水……160cc
- 砂糖……25g

●作り方

❶緑のゼリーを作る。抹茶は熱湯でよく溶かす。鍋に寒天と分量の水を入れて中火で煮溶かし、砂糖を加え、抹茶を混ぜる。これをバットなどに入れて冷蔵室で冷やし固める。

❷白いゼリーを作る。スキムミルクをぬるま湯で溶かす。鍋に寒天と分量の水を入れて中火で煮溶かし、砂糖を加え、スキムミルクを混ぜる。①が固まったらその上に流し込み、再び冷蔵室で固める。

❸赤いゼリーを作る。いちごは水30ccとともに裏ごししてピューレ状にする。鍋に寒天と水160ccを入れて中火で煮溶かし、砂糖を加え、粗熱がとれたらいちごを加えて混ぜる。②が固まったらその上に流し込み、再び冷蔵室で固める。

❹型からはずして、ひし型に切る。

調理室より

ひなまつりの行事おやつとして作ります。色がとってもきれいなので、子どもたちが大喜びします。

フルーツ缶といろいろ果実

パイン缶、桃缶、みかん缶など、手軽に使えるフルーツ缶のかんたんおやつをご紹介。生の果実をプラスすれば、見た目も味もいっそう豪華に。

シンプルなシロップでフルーツの味がさらに引き立つ

フルーツ白玉

光沢寺保育園

●材料（2人分）

白玉粉……………………………20g
水…………………………………適量
パイン（缶詰）…………………2枚
キウイ…………………………1/2個
さくらんぼ（缶詰）……………2粒
みかん（缶詰）…………………10粒
シロップ
- 砂糖…………………………大さじ3
- 水……………………………80cc
- レモン汁……………………少々

●作り方

❶鍋に砂糖と水を入れて煮立て、冷めたらレモン汁を加えてシロップを作り、冷やしておく。
❷ボウルに白玉粉を入れ、水を少しずつ加えながら耳たぶくらいのやわらかさに練る。
❸直径2cmのボール状に丸めて、沸騰した湯に落としてゆで、浮き上がってきたら冷水にとる。
❹パインとキウイを食べやすく切り、みかんと白玉と合わせて器に盛り、シロップをかけてさくらんぼを飾る。

調理室より
かわいらしい、色鮮やかなおやつ。受け取るときはチェリーがちゃんと乗っているか確認！ 大人にとっては飾りのさくらんぼが、子どもには、とても重要なんです。

プルンとした寒天に大好きなフルーツがギュッ！

フルーツタルト

よいこのもり第2保育園

ビニール袋にビスケットを入れ、袋の上から手で砕く。多少ビスケットの破片が残る程度に粗く砕いたほうが、歯ざわりが楽しめる。

調理室より
園では、大皿に作って、子どもたちの目の前で切り分けます。見た目も豪華で子どもたちも大喜びです。

●材料（4人分）

黄桃（缶詰）……………………1/2個
バナナ…………………………1/2本
キウイ……………………………1個
パイン（缶詰）…………………2枚
スキムミルク………………小さじ1
ぬるま湯………………大さじ1～2
ビスケット………………………40g
粉寒天　…………………………2g
水……………………………250 cc
三温糖……………………………20g

●作り方

❶フルーツは食べやすく切り、スキムミルクはぬるま湯で溶かす。
❷ビスケットをビニール袋に入れて砕き、スキムミルクを混ぜる。
❸型に②を敷きつめ、フルーツをのせる。
❹鍋に寒天と分量の水、三温糖を入れて混ぜ、中火にかけて寒天を溶かす。粗熱がとれたら③に流し込み、冷蔵室で冷やし固める。

パインの甘酸っぱさがほどよくアクセント

パイナップルケーキ

黎明保育園

●材料（４人分）

パイナップル（缶詰）………10ｇ
卵 ……………………………大１個
砂糖……………………………30ｇ
小麦粉…………………………40ｇ
ベーキングパウダー …小さじ1/2
無塩バター……………………30ｇ

調理室より

パイナップル風味のしっとりしたケーキです。缶詰のシロップも少し加えるとおいしいですよ。

●作り方

❶パイナップルは汁けをきり、８等分に切る。バターは湯せんにかけて溶かす。
❷ボウルに卵と砂糖を入れ、白くもったりするまで泡立て器で混ぜる。そこへ小麦粉とベーキングパウダーを合わせてふるい入れ、ゴムベらでさっくり混ぜる
❸溶かしバターを少しずつ加えて混ぜ、型に流し入れ、パイナップルを散らす。
❹180 度のオーブンで20分焼く。

調理室より

夏の暑くて食欲のないときにでも、食べやすいおやつ。缶詰のシロップや水のかわりに、「飲むヨーグルト」で作ってもおいしくできます。

色とりどりのフルーツがお口へツルン！

フルーツゼリー

のーびる保育園

●材料（６個分）

パイナップル（缶詰） …………100ｇ
もも（缶詰） ……………………100ｇ
みかん（缶詰） …………………100ｇ
粉ゼラチン…………………………15ｇ
缶詰の汁 ………………………200cc
水…………………………………460cc
砂糖 ……………………………大さじ4

●作り方

❶ゼラチンは60ccの水にふり入れてふやかしておく。
❷パイナップルとももはひと口大に切る。
❸鍋に缶詰の汁、水400 cc、砂糖、フルーツを入れて中火にかけ、沸騰したら火を止め、ふやかしたゼラチンを加えて混ぜながら溶かす。
❹型に等分して流し入れ、冷蔵室で１時間ほど冷やし固める。

しぼりたての果汁の風味がとってもさわやか

オレンジゼリー

バオバブ保育園

●材料（４個分）

オレンジ ………………………………2個
粉ゼラチン …………………………大さじ1
水 ……………………………………大さじ3
砂糖……………………………………15ｇ

●作り方

❶オレンジは横半分に切り、果汁を絞る。果汁は325cc必要なので、足りないときは水を足す。皮は薄皮をきれいに取り、器として使う。
❷粉ゼラチンは分量の水にふり入れてふやかしておく。
❸小鍋に果汁と砂糖を入れて中火にかける。砂糖が溶けたら火からおろし、ふやかしたゼラチンを加えて混ぜ、余熱で完全に溶かす。
❹皮の器に③をこしながら等分して入れ、冷蔵室で１時間ほど冷やし固める。

園で自慢の“大人気”おやつ

だいにんき

子どものハートをつかむおやつは、どれも素朴でとってもシンプル。素材の味を十分に生かした、人気のおやつを大公開！

カラリと揚がった衣がサクサク香ばしい

ウインナドッグ

みたか小鳥の森保育園

●材料（５本分）

ウインナソーセージ……………………5本
小麦粉……………………………………75ｇ
ベーキングパウダー……………小さじ1/2
バター…………………………………小さじ１
牛乳 ……………………………………70cc
卵…………………………………………… １個
砂糖………………………大さじ１と1/2
塩…………………………………………少々
揚げ油……………………………………適量

調理室より

ミニサイズですが結構ボリュームがあります。衣はホットケーキミックスでもOK。ウィンナーをチーズにしてもおいしいですよ！

●作り方

❶ウインナに竹串をさして小麦粉少々（分量外）をまぶす。バターは湯せんにかけて溶かしておく。
❷ボウルに卵白を入れてしっかりと泡立て、砂糖を加えてよく混ぜる。
❸別のボウルに卵黄を入れて泡立て器でよく混ぜ、②へ加えてさらに混ぜる。
❹小麦粉とベーキングパウダーを合わせて③へふるい入れてゴムべらでさっくり混ぜ、溶かしバターも加えて混ぜ合わせる。
❺ウインナに④のころもをつけ、170度の油できつね色になるまで揚げる。

調理室より

スキムミルクを使っているので、カルシウムがたくさん摂取できます。甘さ控えめで、乳児のおやつに最適！

超シンプルで、かめばかむほど味がでる

卵ボーロ

よいこのもり第２保育園

●材料（５人分）

無塩バター………………………60ｇ
卵…………………………………… １個
小麦粉……………………………140ｇ
スキムミルク……………………40ｇ
粉砂糖…………………………大さじ１

●作り方

❶バターは耐熱容器に入れ、ラップをかけずに電子レンジで約１分30秒加熱して溶かす。小麦粉とスキムミルクを合わせて2回ふるっておく。
❷ボウルに卵を溶きほぐし、①を加え、ゴムべらでさっくりと混ぜ合わせて、直径2cmくらいに丸める。
❸天板にクッキングペーパーを敷き、②を並べ、170〜180度のオーブンで15〜18分焼く。粗熱がとれたら粉砂糖を茶こしでふる。

特別な器具がなくたっておいしく作れる

昔ながらのアイスクリーム

バオバブ保育園

●材料（3～4人分）

卵……………………………………2個
生クリーム…………………200 cc
砂糖……………………………50ｇ
バニラエッセンス………………少々
ラム酒（好みで）………………少々

●作り方

❶卵は卵黄と卵白に分ける。
❷ボウルに卵白と砂糖20ｇを入れてしっかり泡立て、固いメレンゲを作る。
❸別のボウルに卵黄と砂糖30ｇを入れ、とろりと泡立てる。生クリームも別にとろりと泡立てる。
❹②と③を合わせ、バニラエッセンス、好みでラム酒少々も入れてよく混ぜ合わせる。
❺バットに流し入れて冷凍庫で3～4時間冷やし固める。途中3～4回、よくかき混ぜてなめらかに仕上げる。

調理室より

保育園では、ディッシャーでコーンカップに乗せてあげます。「落としちゃった～」と半ベソでかけ寄ってくる子も。

1 卵白はピンと角が立つまで、しっかり泡立てる。かき混ぜて空気をたくさん含ませることで、ふんわりした仕上がりに。

2 卵黄と生クリームを混ぜたら卵白を加え、泡を消さないように、ゴムべらで底からすくい上げるように混ぜる。

3 1時間ごとに取り出し、スプーンで全体をかき混ぜて空気を含ませる。これをくり返すことで、きめ細かな口あたりになる。

歯ざわりのよいかりんとう生地に
コクのある黒みつをたっぷりからめて

黒糖かりんとう

鳩の森保育園

●材料（5～6人分）

A
- 小麦粉……………………100ｇ
- ベーキングパウダー…小さじ1
- スキムミルク…………大さじ1

B
- 卵白………………………1個分
- はちみつ………………小さじ1
- サラダ油………………小さじ1

水…………………………小さじ1～2
揚げ油……………………………適量
たれ
- 黒砂糖…………………………50ｇ
- 水………………………………大さじ3

●作り方

❶ボウルにBと分量の水を入れて、泡立て器でよく混ぜる。
❷Aを合わせて①へふるい入れ、手でよく混ぜ、耳たぶより少し固めに練る。
❸子供の小指くらいの大きさにまとめ、160度の油でこんがり揚げて、冷ます。
❹鍋に黒砂糖と水を入れて弱火にかけ、焦がさないように木べらで混ぜながら煮詰め、たれを作る。照りが出てきたら③をからめ、バットに広げて冷ます。

調理室より

かりんとうが人気です。黒砂糖の甘味があとを引いて、どんどん食べてくれます。

大人気おやつ

もちもちのおだんごを
シンプルなきな粉味で

きびだんご

あかね保育園

●材料（４人分）

もちきび……………………………200ｇ
きな粉、うぐいすきな粉…………各適量
砂糖………………………………………適量

●作り方

❶もちきびを１割増しの水（220cc）につけ、ひと晩おく。
❷十分浸水させたもちきびをつけ水ごと炊飯器に移し、普通に炊く。
❸もちきびを熱いうちにボウルに移し、すりこぎなどでつぶす。
❹きな粉に砂糖を混ぜ、だんご状に丸めた③にまぶしつける。

調理室より

「桃太郎に出てくるきびだんごだ！」と、みんな大喜びです。きびはくせがなく、白米ではとれないビタミン・ミネラルが豊富な健康食材です。

1 もちきびはやわらかめに炊き上げるほうがだんごにしやすいので、15時間くらい浸水させてから炊くとよい。

2 炊き上がったもちきびが熱いうちに、水でぬらしたすりこぎやめん棒でつぶす。多少粒が残る半づき状態にする。

3 ついたもちきびをひと口大のだんご状に丸め、砂糖を混ぜたきな粉の中でころがすようにまぶすとうまくつく。

素朴な味で飽きのこないおいしさ

カスタードクレープ

浴光保育園

●材料（4人分）

<クレープ生地>
小麦粉……………………………25g
卵…………………………………1個
砂糖…………………………大さじ１
牛乳………………………………80cc
サラダ油…………………………少々

<カスタードクリーム>
卵黄……………………………１個分
砂糖 ……………大さじ１と1/2
小麦粉…………………………小さじ１
牛乳 ……………………1/2カップ

●作り方

❶クレープ生地を作る。小麦粉、卵、砂糖をボウルに入れて泡立て器でよく混ぜ、牛乳を加えてだまのないようによく混ぜ合わせる。これを室温で30分やすませる。
❷フライパンを弱火にかけて薄く油をひき、①の生地をお玉１杯分ずつ流して薄くのばし、両面を焼く。焼き上がるたびに生地を重ねていき、最後に乾いたふきんをかける。
❸カスタードクリームを作る。ボウルに卵黄と砂糖を白っぽくなるまで混ぜ、小麦粉を加えて混ぜる。
❹牛乳を沸騰直前まで熱し、③に加えてよく混ぜ合わせる。
❺④を万能こし器などを通して厚手の鍋に入れ、木べらでかき混ぜながら弱火で火を通す。
❻とろみがついたらバットなどにあけ、平らにならしてラップを表面にはりつけ、そのまま冷ます。
❼②のクレープ生地に⑥のクリームを塗り、６等分に折りたたむ。

カスタードクリームの材料をすべて鍋に入れたら、弱火でかき混ぜる。木べらを動かしたあとが鍋底に残るくらいとろみがついたら、でき上がり。

調理室より

フワフワとたクレープ生地に、さっぱり味のカスタードクリームがよく合います！

子どもにウケるシンプルな味わい
フワッと軽い食感も魅力です

お手伝いドーナツ

のーびる保育園

●材料（約15個分）

バター …………………………40g
砂糖 ……………………………80g
卵…………………………………1個
牛乳 ……………………1/4カップ
小麦粉…………………………230g
ベーキングパウダ…………小さじ1
打ち粉……………………………適量
揚げ油……………………………適量

●作り方

❶ボウルにやわらかくしたバターと砂糖を入れ、泡立て器ですり混ぜる。さらに卵、牛乳の順に加え、よく混ぜあわせる。

❷小麦粉とベーキングパウダーを合わせて①のボウルにふるい入れ、さっくりと混ぜる。

❸打ち粉をふった台に②の生地をのせ、めん棒で1.5cm厚さにのばしてドーナツ型でぬく。

❹新しい油を160～170度に熱し、③の生地を入れて途中裏返しながらこんがりと揚げる。抜いた真中の生地も揚げると、ころころしたかわいいドーナツになる。

調理室より

子どもたちが参加してドーナツの型抜きをします。出来上がったドーナツをうれしそうにほおばります。

怪獣ドーナツ

豊川保育園

ふつうのドーナツよりもゆるめのたねを作って油に落とすと、ムクムクといろいろな形にふくらんだドーナツのでき上がり。その、ごろんとして角が出たりする形から、「怪獣ドーナツ」と呼ばれています。おやつに配られると、どれにしようか迷って決められない子もいるくらい、みんなのお楽しみのおやつなんです。

ごまとチーズで深～い味わい

コンコンブル

井の頭保育園

●材料（4人分）

ドライイースト ………小さじ1/3
砂糖 ……………………………大さじ1
ぬるま湯 ………………………大さじ2
強力粉 ……………………………80g
バター …………………………大さじ2
プロセスチーズ …………………20g
黒ごま …………………………小さじ1

●作り方

❶ぬるま湯にドライイーストをふり入れ、砂糖をひとつまみ加えてラップをし、暖かいところに10分ほどおいて発酵させる。

❷大きいボウルに強力粉をふり入れて真中に穴をあけ、①、残りの砂糖、溶かしたバターを加えてよく混ぜ合わせる。

❸②を台にのせ、生地がなめらかになるまでよくこねる。これを2等分して5mm角に切ったチーズと黒ごまをそれぞれ混ぜ、暖かいところに1～2時間おいて発酵させる。

❹③の生地を平らにのばし、端から棒状に切り分ける。

❺ オーブンシートを敷いた天板に④を並べ、170度のオーブンで20～30分焼く。

あっさり蒸しプリンにかわいくデコレーション

プリン・ア・ラ・モード

ひいらぎ保育園

●材料(4人分)

卵 ……………………………………2個
牛乳 …………………………………1カップ
砂糖 …………………………………大さじ3
バニラエッセンス ……………………少々
生クリーム ……………………………適量
缶詰のくだもの（みかん、チェリーなど） 適量

●作り方

❶卵をよく溶きほぐし、牛乳、砂糖、バニラエッセンスを加えて混ぜる。
❷プリンカップに①を流し入れ、蒸気の上がった蒸し器に入れてごく弱い火で蒸し、竹串をさして何もついてこなければ蒸し上がり。
❸蒸しあがったら冷まし、冷めたらカップから取り出して器に盛り、泡立てた生クリームとくだものを飾る。

調理室より

市販のプリンとは、また違った手作りの味です。カラメルでなく生クリームと果物でデコレーションすれば、華やかなおやつになります。

フンワリ焼ける素朴なおやつをママの定番にしてみては？

ホットケーキ

ひいらぎ保育園

調理室より

シンプルなホットケーキは、今も昔も人気があるおやつです。ホットプレートなら焦げにくく、中までしっかり焼けます。

●材料（4人分）

小麦粉……………………100g
ベーキングパウダー…小さじ1
卵 …………………………小1個
砂糖 ………………………40g
牛乳…………………1/2カップ

●作り方

❶小麦粉とベーキングパウダーは合わせてふるっておく。
❷ボウルに卵をときほぐして砂糖と牛乳を加え、よく混ぜ合わせてから①を加え、さらに混ぜる。
❸熱したホットプレートに②のたねをお玉1杯分ずつ流し、両面をこんがりと焼く。好みではちみつやバターをつけて食べる。

めんどうな手間がいっさいナシ！

カステラシャーベット

くりのみ保育園

調理室より

容器は電子レンジにかけられる厚手のガラスの容器が適しています。

●材料（4人分）

市販のカステラ ……………1/2本
生クリーム ……………1/2カップ
牛乳 ……………………1/4カップ
卵 ………………………………1個

●作り方

❶カステラは適当な大きさに切り、耐熱容器との間に少しすきまをあけて並べ入れる。
❷生クリーム、牛乳、卵をよく混ぜ合わせ、カステラの上からかけてよくしみこませてから、ラップをかけ、電子レンジで約5分加熱する。
❸ラップをはずして冷まし、あら熱がとれたら再びラップをして冷凍庫でよく冷やす。

ごまのプレッツェル

こんがりきつね色の春巻きの中に甘くて香ばしいごまがぎっしり！

くりのみ保育園

●材料（10本分）

春巻きの皮	5枚
バター	30g（大さじ3弱）
砂糖	30g（大さじ3強）
卵黄	1個分
黒炒りごま	50g
卵白	少々
揚げ油	適量

●作り方

❶春巻きの皮を1枚ずつはがし、半分に切る。

❷ボウルに室温でやわらかくしたバター、砂糖、卵黄、黒ごまを加えてよく混ぜ合わせる。

❸春巻きの皮に②をのせてくるくると棒状に巻き、巻き終わりと両端に卵白を塗ってしっかりととめる。

❹③を約170度の油でカラリと揚げる。

アーモンドビスコッティー

カフェの味を家庭でも。固くたってへっちゃらです！

鳩ぽっぽ保育園

●材料（12枚分）

A	小麦粉	65g
	全粒粉	25g
	（なければ小麦粉90gでもよい）	
	ベーキングパウダー	小さじ1
	砂糖	25g
B	メープルシロップ	小さじ2
	牛乳	大さじ2
	アーモンド（ホール）	適量
	打ち粉	適量

●作り方

❶Aを合わせてボウルにふるい入れ、Bを加えてよく混ぜる。

❷アーモンドを粗く砕いて①に混ぜ、ひとつにまとめて打ち粉をふった台に取り出す。

❸②をなまこ型にまとめ、オーブンシートをしいた天板にのせて170度のオーブンで約20分焼く。

❹③を取り出し、あら熱が取れたら1cm幅に切って切り口を上にして天板に並べ、170度のオーブンで約15分焼く。

調理室より

子どもたちに、「とても固いので牛乳に浸して食べてね」と声をかけますが、おかまいなしに、みんなガリガリもぐもぐ食べています。

いっしょに作ればもっとおいしい！

お手伝いレシピ 1

手打ちうどん

よいこのもり第2保育園

手でこねる、足で踏む、均等に切り分けるなどなど、うどん作りのプロセスは、どれをとってもおもしろい。きっと喜んでお手伝いしてくれますよ。

薬味に白ごまなどを添えて。
つゆは市販品を使うと手軽だが、手作りする場合には下記の分量で。
つけめんのつゆ：だし汁2.5カップ、しょうゆ大さじ2、砂糖小さじ1
かけうどんのつゆ：だし汁5カップ、しょうゆ大さじ3
＊だし汁は、水5カップに対してかつお節30gが目安

材料（５人分）

中力粉……………………………………………450ｇ
塩…………………………………………………小さじ１
ぬるま湯…………………………………………200 cc

子どもにとって、うどん作りのお手伝いは、遊びの延長でとっても楽しいイベントです。さらさらの小麦粉がぬるま湯を入れると少しずつまとまってきます。粘土のようにコネコネしているとだんだん弾力が出てきて、今度はそれを足で踏み踏み。めん棒で平らにのばしたら、パタンと折って切り分ける。作る過程はどれをとっても、楽しい遊び心があふれています。

極太だったり、長さや太さがまちまちだったり、コシがなかったり逆にゴワゴワしていたりと、なかなか上手にできないけれど、それでOK。汗をかきながら自分たちで一生懸命作ったうどんの味は、最高においしいものです。

時間に余裕があるお休みの日には、家族みんなでうどん作りにチャレンジしてはいかがですか。小麦粉（中力粉）、塩、ぬるま湯と材料はいたってシンプルだから、思い立ったらすぐにできますよ。

手打ちうどんは、子ども達が楽しみにしているイベントのひとつ。いちばん喜ぶのは、なんといっても足で踏んでこねるところ。みんな、自分の番が来るのが待ち遠しそうです。もうひとつのお楽しみは、やはりクライマックスのうどん切り。生地に弾力があるので切りにくいものですが、自分たちで作ったものは、やっぱりおいしいみたい。みんな喜んで食べています。
（よいこの森第2保育園）

作ってみよう！

1 そそぐ

大きめのボウルに中力粉を入れ、塩を溶かしたぬるま湯を一気に注ぎ入れる。

2 混ぜる

粉全体に水分がいきわたり、ぽろぽろのおから状になるまで、手でよく混ぜる。

3 こねる

おから状の生地を一か所に集め、外から内へこねて、耳たぶくらいのやわらかさにする。

4 踏む

鏡もち状になったら2重のビニール袋に入れて、足で踏む。踏めば踏むほどコシが出るが、踏み過ぎるとコシが出すぎてかたくなるので注意。

5 のばす

打ち粉をふった台に袋から出した生地をのせ、めん棒で2～3mm厚さになるまでのばす。

6 折りたたむ

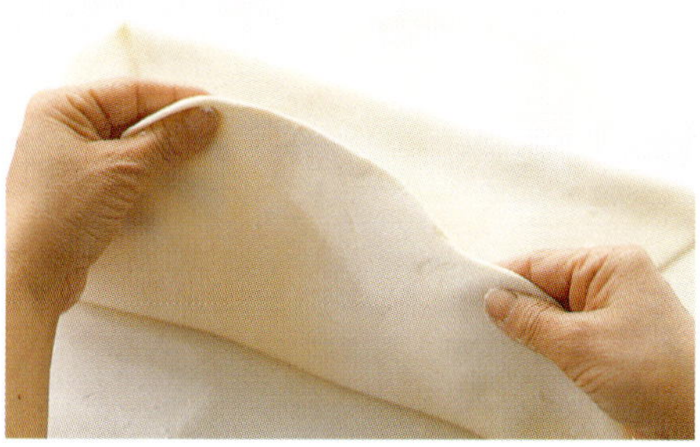

生地を両手で持ち上げてびょうぶ風におりたたみ、3～4層にする。

7 切る

折りたたんだ生地を端から好みの太さに切り、粉をふってパラパラにほぐす。

8 ゆでる

沸騰した湯の中に入れてゆで、再び沸いてきたらびっくり水をかけ、好みの固さにゆでる。その後ざるにとり、流水で洗う。

いっしょに作れば
もっとおいしい！

お手伝いレシピ 2

よもぎだんご

ききょう保育園

自分たちで摘んできたよもぎの葉が、春の香りがいっぱいひろがるまあるいだんごに変身です。自然とのふれあいを、家族みんなで体験してみましょう。

よもぎが取れない季節や地域では、製菓材料店で手に入る乾燥よもぎを使うのも。摘んできたよもぎの葉が余ったときには、ゆでてから冷凍保存しておくとよい。

よもぎは日本のほとんどの地域の土手や道端でみられる多年草の植物。早春の3月ころ、白い綿毛をかぶった新芽を摘み取る。少し大きくなったものはやわらかい茎先を。

材料（5人分）

よもぎの葉	適量
上新粉	120g
白玉粉	30g
熱湯	適量
きなこ・砂糖	各適量
ゆであずき（缶詰）	適量

保育園では日々、近くの公園や広場にお散歩に出かけます。ききょう保育園では、春、道ばたに咲いているよもぎの葉をみんなで摘み取ります。摘んだ葉はゆでて冷凍しておき、量がまとまったら、いよいよよもぎだんご作りに挑戦です。

3歳児は小麦粉をふるう、だんごを丸める、4歳児はよもぎをする、だんごをこねる、丸めると、年齢に応じたおだんご作りを楽しみます。でき上がったおだんごは、自分が丸めたのはコレだよといいながら、みんな本当においしそうにほおばります。もちろん「おかわり！」の声も、いつも以上にかかります。

おやつにちなんだ絵本としてバオバブ保育園がすすめてくれたのが「よもぎだんご」（さとうさわこ作／福音館書店刊）。ばばばあちゃんと子どもたちが、よもぎやなずななどの春の野草摘みや、だんご作りを楽しむという、自然へのふれあいがいっぱい描かれた絵本です。子どもに読み聞かせれば、よもぎだんご作りがいっそう盛り上がること間違いなしです。

作ってみよう！

1 ゆでる

よもぎは塩少々を入れた熱湯でよくゆでてあくを抜き、水にさらす。

2 すりつぶす

よもぎは包丁で細かく切ってからすりばちに入れ、ペースト状になるまですりつぶす。

3 こねる

ボウルに上新粉と白玉粉を入れ、熱湯を少しずつ加えながら手でよく混ぜる。

4 混ぜる

よもぎを加えてさらに混ぜ、よもぎを全体にいきわたらせる。

5 もみ込む

手でもみ込むようにしながら、耳たぶくらいのやわらかさになるまで、十分こねる。

6 丸める

直系1.5ｃｍのボール状に丸める。手の平にはさんで転がすときれいな丸形になる。

7 蒸す

蒸気の上がった蒸し器にふきんを敷き、6を並べて中火で約10分蒸す。

8 蒸し上がり

竹串をさして生地がついてこなければ蒸し上がり。器に盛って、きなこやつぶあんをのせる。

いっしょに作れば
もっとおいしい！

お手伝いレシピ 3

オリジナルクッキー

思い思いの形に焼き上がったクッキーは、食べるのがもったいないほどかわいいもの。保育園のおやつならではの、やさしい味もおすすめです。

クリスマスクッキー

毎年、卒園の子供たちが参加して、ツリーやくつ下、星の形のクッキーを作ります。焼く前に一箇所穴をあけておくと、ひもを通してツリーに飾れます。（聖ルカ保育園）

基本のクッキー生地

材料（手形クッキー１個分）

小麦粉	100g
バター	30g
砂糖	30g
牛乳	25cc
卵黄	適量

手型クッキー

お誕生日会のときに園児にプレゼントしているのがこのクッキー。でき上がったら成長の記念として写真におさめておきたい、思い出の１ページになるおやつです。（のーびる保育園）

お面クッキー

普通の生地とココアを混ぜた生地を用意し、上手に組み合わせて、好きな顔やお面を作ります。（井の頭保育園）

作ってみよう！

1 混ぜる

ボウルに室温でやわらかくしたバターと砂糖を入れ、泡立て器でもったりするまで混ぜる。

2 混ぜる

小麦粉をふるい入れ、牛乳を少しずつ加えて粉っぽさがなくなるまで混ぜる。

3 まとめる

生地が手につかなくなれば、生地をひとつにまとめてラップに包み、冷蔵室で30分～1時間休ませる

4 のばす

まな板に打ち粉をふって生地をのせ、めん棒を四方に転がしながら1cm厚さにのばす。

手形クッキー

手形を押す

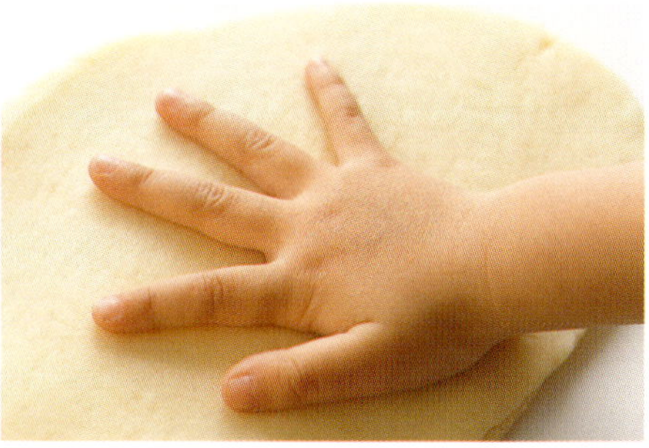

粉をつけた子供の手を生地に押しつけて手形をとり、手形以外のところにハケで卵黄を塗る。

クリスマスクッキー

型で抜く

生地を5mm厚さにのばし、型に粉をつけてから好みの型で抜き、表面に卵黄を塗る。

お面クッキー

お面を作る

普通の生地で顔の輪郭を作り、ココアを混ぜた生地を目や口にし、溶き卵ののりで顔につける。焼く前に表面に卵黄を塗る。

＊いずれも天板にクッキングペーパーを敷き160 ～170 度のオーブンで10～12分焼く。

お面クッキーは、年長組の子どもたちが、白い生地とココアを入れた生地を作るところから参加して作っています。ココアの生地で鼻や口をつけたり、目には干しぶどうをつけたり、大きさも形も自由に、思い思いのお面作りを楽しんでいます。焼き上がると思ったよりも生地がふくらみ、大きなお面になってびっくりすることも。鼻と口がくっついてしまってみんなで大笑いしたり、なぜか自分の顔にそっくりのお面を作る子もいて、楽しいひとときです。（井の頭保育園）

いっしょに作ればもっとおいしい！

お手伝いレシピ 4

スイカのポンチ

千春保育園

楽しい野外のイベントがさらに盛り上がるメニュー。色とりどりのフルーツいっぱいの、見た目も華やかなおやつです。

材料（4人分）

小玉スイカ	1/2個
バナナ	1本
パイナップル（缶詰）	2切れ
黄桃（缶詰）	1切れ
カルピス	適量

キャンプやバーベキューパーティーなどのイベントにもってこいなのが、スイカをくりぬいて作るポンチ。汚されそうで、お家で作るときはお手伝いはちょっと勘弁、というママが多いでしょうが、広い外なら、のびのびお手伝いしてもらえます。

スイカをくりぬくのは小学生くらいからでないと難しいかもしれませんが、種をとったり刻んだりと、できる範囲でお手伝いを楽しんでもらいましょう。スイカのほかにも、キウイ、バナナ、パイナップルなど、好みのフルーツをいっぱい入れれば、とっても華やかなデザートの完成です。

千春保育園では、夏のバイキングに「スイカのポンチ」が登場します。ミニおにぎりや鶏の唐揚げなどの大好きなメニューに並んで、楽しいイベントに華をそえます。

年長児のお泊まり保育で、ハロウィン風にすいかをくりぬいたローソク立てを作りました。ローソクも手作りです。市販の白いローソクをバキバキ折って空き缶に投げ込み、湯煎で溶かします。好きな色のクレヨンをけずって入れて溶かしたら紙コップへ。ローソクの芯もとっておき、紙コップの中心にたらして10分ほどできれいに固まります。固まったら紙コップをはがしてでき上がり。すいかの内側の赤い色がローソクの炎でゆらゆら揺れてとってもきれい。みんな不思議そうにのぞいていました。（くりのみ保育園）

作ってみよう！

1 くり抜く

スイカは横半分に切り、スプーンで中身をくり抜く。器に使うのできれいに実を取る。

2 種を取る

くり抜いた中身はフォークで種を取り、大きいものはひと口大に切る。

3 刻む

バナナは皮をむいて2～3mm厚さの輪切りにし、パイナップルと黄桃はひと口大に切る。

4 そそぐ

スイカの器にフルーツを全部入れて、カルピスを冷水で好みの濃さに割って加える。

フルーツの香りが
口の中いっぱいに広がる
食前酒にぴったりのお酒

パパとママのための簡単アレンジ

すいかとフルーツのワインカクテル

●作り方

すいかのポンチで使うフルーツをグラスに入れ、好みのワインを注げばでき上がり。

“牛乳”と“乳製品”のおやつ

骨や歯を丈夫にするカルシウムは、成長期の子どもに欠かせません。カルシウムが豊富な牛乳や乳製品を使ったおやつを、ママのレパートリーに加えてみましょう。

ヨーグルト

ヨーグルト味のおやつはみんなの大好物。やさしい酸味とまろやかな味わいを上手に生かした、人気のおやつを召し上がれ。

手軽に作れて栄養豊富。午前のおやつにぴったりです

フルーツヨーグルトドリンク

千春保育園

●材料（4人分）

プレーンヨーグルト……250g
オレンジ果汁（100%）……120cc
牛乳……120cc
砂糖……大さじ1

●作り方

❶材料をすべてミキサーに入れ、攪拌する。
❷グラスに注ぎ分け、好みで氷を入れる。

調理室より

りんごジュース、グレープジュースでもGood！園ではスキムミルクから作った手作りヨーグルトを使っています。ゆでじゃが、ゆでとうもろこし、枝豆などを添えて。

カルシウムたっぷりのスキムミルクが隠し味

ヨーグルト抹茶ゼリー

よいこのもり第2保育園

●材料（4人分）

［スキムミルク……大さじ2弱
　ぬるま湯……80cc
砂糖……50g
［粉ゼラチン……小さじ2
　熱湯……大さじ4
［抹茶……小さじ1
　熱湯……大さじ1と1/3
プレーンヨーグルト……160g

●作り方

❶スキムミルクは分量のぬるま湯で溶き、こし器などを通してこす。
❷鍋に①と砂糖を入れ、沸騰直前まで熱して火を止める。
❸ゼラチンは分量の熱湯で溶かし、②に加えてよく混ぜる。
❹抹茶を分量の熱湯で溶いて③に加え、よく混ぜる。
❺あら熱がとれたらヨーグルトを加えて混ぜ、型につぎ分けて冷蔵庫で冷やし固める。

ホットケーキミックスでできる

りんごヨーグルト蒸しパン

まろやかなスポンジの中にりんごがシャキッ！

浴光保育園

●材料（4人分）

りんご……40g
砂糖……大さじ1
マーガリン……小さじ2
卵……1個
ホットケーキミックス……70g
プレーンヨーグルト……30g

●作り方

❶りんごは皮をむいていちょう切りにし、鍋に入れて砂糖をふりかけ、弱火にかける。
❷りんごがしんなりしたらマーガリンを加え、さらに少し煮たら火を止めて、冷ます。
❸ボウルに卵を溶きほぐし、ホットケーキミックスとヨーグルトを加えて練らないように混ぜる。
❹③の生地に冷ました②のりんごを混ぜ、紙またはアルミカップに分け入れて蒸気の上がった蒸し器で7～8分蒸す。

調理室より

蒸しパン生地は、ほのかにヨーグルトの酸味があり、リンゴの甘味とよく合います。普通の蒸しパンよりも、少ししっとりとした食感です。

ヨーグルトケーキ

さっくり混ぜた白ごまが焼きたてのいい香りを演出！

黎明保育園

調理室より

ごまの食感とヨーグルトの風味が人気です。加糖ヨーグルトや、ホットケーキミックスでもできますが、そのときは材料の砂糖を半分以下に。

●材料（4人分）

小麦粉……60g
ベーキングパウダー……小さじ1
無塩バター……30g
砂糖……30g
卵……大1個
プレーンヨーグルト……60g
白ごま……適量

●作り方

❶小麦粉とベーキングパウダーは一緒にふるっておく。
❷バターをやわらかくし、砂糖とよく混ぜ合わせる。
❸②に卵を加えてよく混ぜ、ヨーグルトを加えてさらに混ぜる。
❹③に①のふるった粉とごまを加え、さっくりと混ぜる。
❺④を型に入れて表面にごまを散らし、160度のオーブンで25分前後焼く。

チーズ

ひと口にチーズといっても、種類やタイプがいろいろ。プロセスチーズ、粉チーズ、カッテージチーズなど、おやつによって使い分けを。

調理室より

チーズを入れる代わりに、レーズン、かぼちゃ、さつまいもなどを入れてもおいしくできます。

ほのかな塩気とやさしい甘さで
何回食べても飽きないおいしさ

チーズ蒸しパン

みたか小鳥の森保育園

●材料（4人分）

小麦粉……………………100ｇ
ベーキングパウダー………小さじ1
プロセスチーズ……………30ｇ
バター………………………大さじ1
砂糖…………………………大さじ1
卵……………………………1個
牛乳…………………………30cc

●作り方

❶小麦粉とベーキングパウダーは合わせてふるっておく。
❷チーズは５mm角くらいに切る。
❸ボウルにバターを入れて白っぽくなるまで練り、砂糖を加えてよく混ぜる。
❹卵と牛乳も加え、よく混ぜあわせる。
❺④に①のふるった粉を加え、さっくりと混ぜたら②のチーズを混ぜ、型に入れる。
❻蒸気の上がった蒸し器で約10分蒸す。

子どもにウケるおつまみ風おやつ

チーズの包み揚げ

鳩の森保育園

調理室より

チーズに塩気があるのででき上がりに塩はふりません。パリパリとした食感がとっても好評です。

●材料（4人分）

シュウマイの皮…………………8枚
プロセスチーズ…………………40ｇ
揚げ油……………………………適量

●作り方

❶チーズは8等分の棒状に切り、シュウマイの皮で包む。
❷揚げ油を170～180度に熱し、①をカラリと揚げる。

無造作にちぎった形が愛らしい

チーズドロップクッキー

くりのみ保育園

●材料（4人分）

小麦粉……………………………………1カップ
ベーキングパウダー　…………………小さじ1/2
バター……………………………………45g
砂糖………………………………………大さじ4
卵　………………………………………1/2個
カッテージチーズ………………………50g

●作り方

❶小麦粉とベーキングパウダーは合わせてふるっておく。
❷ボウルにバターを入れてやわらかくし、砂糖を加えて混ぜる。さらに割りほぐした卵を少しずつ加え、よく混ぜあわせる。
❸②にカッテージチーズを加えて混ぜ、さらに①のふるった粉も加えてさっくりと混ぜ合わせる。
❹オーブンシートを敷いた天板に③を適当な大きさにちぎって並べ、160度のオーブンで様子をみながら10〜15分ほど焼く。

手作りクリームチーズでさっぱり味に

サンドクラッカー

よいこのもり第2保育園

ヨーグルトを水きりすると、クリームチーズのようになる。時間があるときはひと晩おくと、しっかり水分がぬけてクラッカーにはさみやすい。

●材料（4人分）

クラッカー …………………………16枚
プレーンヨーグルト ………………80g
砂糖　…………………………大さじ1/2
いちごジャム　………………………適量

●作り方

❶ヨーグルトはキッチンペーパーを敷いたざるにあけ、そのままおいて水けをきる。
❷水きりしたヨーグルトに砂糖を加え、半量のクラッカーにはさむ。残りのクラッカーにはジャムをはさんで。

調理室より

ふつうのクリームチーズよりカロリーが少ないので子どもにおすすめです。園では、脱脂粉乳から作ったヨーグルトで作っています。

チーズ

クレセントロール

粉チーズを生地にたっぷり混ぜ込んだイタリア～ンな味わい

のーびる保育園

1 バターは手でこねてやわらかくする。やわらかくなったところで粉チーズを加え、均一に混ざるようさらに混ぜ合わせる。

2 チーズ入りバターと粉を練り混ぜるのではなく、細かくなったバターのまわりに粉がついてぽろぽろしている状態がよい。

3 スケッパーか包丁で8等分に切った生地を、だ円形にのばしやすいように、まず両手の間でころがしながら丸める。

調理室より

チーズ味のしっとりした食感が人気です。砂糖を使わないおやつとして、よく作るメニューです。

●材料（8個分）

小麦粉……120g
ベーキングパウダー…小さじ1/2
バター……25g
粉チーズ……40g
牛乳……80cc
打ち粉……適量
ハム……4枚

●作り方

❶小麦粉とベーキングパウダーは合わせてふるっておく。
❷ボウルにバターを入れてやわらかくし、粉チーズを加えてよく混ぜ合わせる。
❸②に①のふるった粉を加え、バターを溶かさないように指先を使って、ぽろぽろの小豆粒大になるまで混ぜ合わせる。
❹③に牛乳を加えて軽く混ぜ、ひとまとめにする。
❺④を打ち粉をふった台に取り出し、8等分に切る。
❻⑤をめん棒で薄いだ円形にのばし、半分に切ったハムをのせて半分に折りたたむ。
❼⑥を160度のオーブンでこんがりと焼き色がつくまで焼く。

ミルクプリン

生クリームがほどよく入った子どもが食べやすいなめらかおやつ

鳩ぽっぽ保育園

●材料（6人分）

粉ゼラチン……大さじ1
水……大さじ4
牛乳……2カップ
生クリーム……1/2カップ
砂糖……40g

●作り方

❶ゼラチンは分量の水にふり入れ、ふやかしておく。
❷牛乳、生クリーム、砂糖を鍋に入れて火にかけ、沸騰直前に火からおろして①のゼラチンを加え、かき混ぜて溶かす。
❸②を万能こし器などでこし、あら熱がとれたらプリン型につぎ分けて冷蔵庫で冷やし固める。

牛乳

お菓子作りの脇役的な存在の牛乳ですが、ここでは堂々の存在感。おいしくてカルシウムがしっかりとれるおすすめおやつをご覧あれ。

やさしい甘さが
レーズンで引き立つ

ミルクスコーン

ききょう保育園

調理室より
焼きたてはバターの香りがして、ホットビスケットのようです。甘さひかえめなので、朝食のパン代わりにもなりますよ。

●材料（10人分）

A	小麦粉	200g
	ベーキングパウダー	大さじ1
バター		50g
砂糖		50g
卵		1個
牛乳		1/4カップ
レーズン（ぬるま湯につけてもどす）		50g

●作り方

❶Aを合わせてよくふるっておく。
❷ボウルにバターを入れてやわらかくし、砂糖を加えてよく混ぜ合わせる。さらに溶き卵を少しずつ加え、泡立て器でよく混ぜ合わせる。
❸②に牛乳を加え、よく混ぜ合わせたら、①の粉、もどしたレーズンも加えて全体に混ぜ合わせる。
❹ 手に小麦粉少々（分量外）をつけて③の生地を直径2～3cmのだんご状に丸め、オーブンシートを敷いた天板に並べて180度のオーブンで10分強焼く。

1 バターははじめ手で練るようにしてやわらかくし、クリーム状になったところで砂糖を加えて、泡立て器で混ぜる。

2 最後に粉とぬるま湯でもどしたレーズンを加え、全体にざっと混ぜ合わせたら、生地のでき上がり。

3 生地を少しずつ手にとり、直径2～3cmのだんご状にまとめる。少しごつごつしているほうが焼き上がりの形がかわいい。

のどごしのよさは天下一品
黄桃が入っておいしさUP！

ミルクゼリー

聖ルカ保育園

調理室より
プルンプルンの牛乳ゼリーと黄桃の相性は抜群！ 黄桃とゼリーは小さくしたほうがのどごしよくいただけます。

●材料（4人分）

	粉ゼラチン	5g
	水	大さじ1
牛乳		250g
砂糖		15g
黄桃の缶詰		40g

●作り方

❶ゼラチンは分量の水にふり入れ、ふやかしておく。
❷鍋に牛乳と砂糖を入れ、①を加えて弱火にかける。
❸木べらでかき混ぜ、ゼラチンが溶けたら火からおろして適当な型に流し入れる。
❹③を冷蔵庫で冷やし固める。
❺型から出した④と黄桃をひと口大に切り、器に盛る。

素朴な和風のおやつを
おいしくアレンジ

牛乳くずもち

のーびる保育園

調理室より
コロコロでプニュっとした見た目にもかわいいおやつです。牛乳がだめな子どもには、牛乳を水にかえてもおいしいです。

●材料（4人分）

牛乳	1カップ
片栗粉	35g
砂糖	適量
きな粉	適量

●作り方

❶牛乳と片栗粉を鍋に入れ、火にかけながら泡立て器でかき混ぜる。
❷少しもったりとしてきたら泡立て器を木べらにかえ、よく練り混ぜる。
❸火からおろし、そのまま冷ます。
❹③をひと口大にちぎり、砂糖を混ぜたきな粉をまぶす。

“小魚”でカルシウムおやつ

家庭では作らなくなってきた小魚のおやつが、保育園では今でも定番。もちろん子ども達も大好きです。骨ごと食べられる小魚おやつで、カルシウムをたっぷりとりましょう。

たんぱく質、カルシウム、ビタミン…
栄養価の高い一品です

磯ビーンズ

光沢寺保育園

調理室より

大豆は低カロリーでたんぱく質が豊富。いりこが入ってカルシウムもアップ。サクッとしていて香ばしく、青のりの風味が最高の人気メニュー！

●材料（5人分）

水煮大豆 ……………………………150g
小麦粉……………………………………適量
いりこ ……………………………………15g
A［砂糖 ……………………大さじ1と2/3
　 みりん、しょうゆ、水 ……各大さじ1
白いりごま………………………………適量
青のり……………………………………適量
揚げ油……………………………………適量

●作り方

❶大豆は水きりし、小麦粉をまぶして油でからりと揚げる。大豆が揚がる直前にいりこも入れ、サッと揚げて油をきる。
❷ボウルにAの調味料を入れてたれを作り、①を一気に入れて全体にからめる。
❸②にさらに白ごまと青のりをからめたら、でき上がり。

サクッと軽い歯ごたえは
まさにやめられないうまさ

アーモンドフィッシュ

鳩ぽっぽ保育園

●材料（4人分）

ごまめ（小さめの煮干）………………50g
スライスアーモンド……………………適量
砂糖……………………………………大さじ1
みりん…………………………………大さじ1
しょうゆ………………………………小さじ1

●作り方

❶ごまめとアーモンドは別々に鍋でから炒りするか、または160度のオーブンで軽く焼く。
❷砂糖、みりん、しょうゆを鍋で煮立て、①を一気に加えて手早くからめ合わせる。
❸火からおろし、バットなどに広げて冷ます。

調理室より

いわゆる田作りにアーモンドをからめただけのシンプルさですが、こんな和風のおやつが人気です。

香りのいい素材がたっぷり

じゃこチャーハン

鳩の森保育園

調理室より

じゃことごまが入ってカルシウムがいっぱいです。高菜漬けの代わりに、たくあんでも歯ごたえがあっておいしくできますよ。

●材料（2人分）

高菜漬け……………………………適量
ねぎ ………………………………5cm
じゃこ……………………………大さじ6
サラダ油…………………………適量
白ごま……………………………大さじ1
ごはん ……………………………120g
しょうゆ …………………………小さじ1/2

●作り方

❶高菜漬けとねぎはみじん切りにする。じゃこはサッと湯通しする。
❷フライパンに油を熱してねぎを炒め、香りが立ったら高菜漬け、じゃこ、ごまの順に入れて炒め、ごはんを加えてさらに炒める。
❸しょうゆで味を調え、器に盛ってごまをふる。

シンプルなのになぜかはまる味

のりじゃこトースト

黎明保育園

調理室より

じゃこはマヨネーズであえると子どもにも食べやすくなります。好みでチーズをかけて焼いてもおいしいです。

●材料（2枚分）

じゃこ ……………………………大さじ5〜6
マヨネーズ………………………大さじ2
8枚切り食パン ……………………2枚
焼きのり …………………………全形1/2枚

●作り方

❶じゃこはサッと湯通しし、マヨネーズであえる。
❷食パンに半分に切った焼きのりをのせ、その上に①をのせる。
❸②をオーブントースターでこんがりと焼く。

淡泊な豆腐がじゃこで味わい豊かに

まさご揚げ

浴光保育園

調理室より

しょうゆ・酒・みりん・片栗粉で、とろみあんを作ってあえても、口あたりがよくなっておいしいです。おかずにもなる一品です。

●材料（4人分）

木綿豆腐 …………………………200g
にんじん …………………………20g
玉ねぎ ……………………………20g
じゃこ……………………………大さじ3
A 塩、しょうゆ…………………各少々
A 溶き卵…………………………1/2個分
A 片栗粉…………………………小さじ1/2
揚げ油……………………………適量

●作り方

❶豆腐は水きりし、ボウルに入れて手でつぶす。
❷にんじん、玉ねぎは短めの細切りにし、油少々（分量外）で炒めて①に加える。
❸②にじゃことAを加え、よく混ぜ合わせる。
❹揚げ油を170度に熱し、③をスプーンですくって落とし入れる。ときどき返しながらきつね色になるまで揚げる。

“豆腐”＆“大豆製品”のヘルシーおやつ

低カロリーでたんぱく質が豊富な豆腐・大豆製品は、子どものおやつにどんどん取り入れたい素材。

やわらかくてなめらかなだんごを
みんなが好きなきな粉味で

お豆腐だんご

バオバブ保育園

●材料（2～3人分）

絹ごし豆腐……1/2丁
白玉粉……100g
砂糖……20g
A きな粉……大さじ2
A 砂糖……小さじ2
A 塩……少々

●作り方

❶豆腐はざるに上げ、10～20分ほど水きりする。
❷①をボウルに入れて手でくずし、白玉粉と砂糖を加えてよく混ぜる。
❸鍋に湯を沸かし、②をひと口大に丸めて湯に落とし入れる。浮き上がってしばらくゆでたらすくい取り、冷水にとって冷やす。
❹③の水けをきって皿に盛り、Aを混ぜ合わせたものをかける。

調理室より

豆腐の入ったヘルシー白玉。季節のフルーツと混ぜたり、のりとしょうゆで磯辺風にしてもいけますよ。

だんごのあんのバリエーションレシピ

みそあん

みそ……大さじ3
砂糖……大さじ3
水……少々

＊材料を小鍋に入れ、よく混ぜ合わせてから弱火にかけて煮つめる。

ごまあん

いりごま（黒）……1カップ
砂糖……大さじ2
塩……少々

＊黒ごまをよくすり、ほかの材料をしっかり混ぜ合わせる。

ずんだあん

枝豆（ゆでてさやから出したもの）……2カップ
砂糖……大さじ1と1/2
塩……少々

＊枝豆をすり鉢で粒が少し残る程度にすりつぶし、砂糖と塩を加えて混ぜる。

みたらしあん

砂糖……大さじ3
しょうゆ……大さじ2
片栗粉……小さじ2
水……大さじ4

＊材料全部を鍋に入れ、木べらでかき混ぜながらとろりとするまで煮つめる。

おからの力でしっとり軽～い焼き上がり

おからのパウンドケーキ

第一仲よし保育園

●材料（パウンド型1本分）

小麦粉	150g
ベーキングパウダー	小さじ1/2
バター	110g
砂糖	100g
卵	3個
おから	130g
レーズン	75g

●作り方

❶小麦粉とベーキングパウダーは合わせてふるっておく。

❷ボウルにバターを入れてやわらかくし、砂糖を加えて泡立て器でよく混ぜ合わせる。

❸卵を溶きほぐして②に少しずつ加え、よく混ぜ合わせる。

❹おからとぬるま湯でもどしたレーズンを加え混ぜ、さらに①の粉を加えてさっくりと混ぜ合わせる。

❺薄くバター（分量外）を塗ったパウンド型に④を入れ、160度のオーブンで約1時間焼く。竹串を刺して何もついてこなければ、焼き上がり。

ちょっと多めに作っておけば
パパの今夜のおつまみにも

納豆の揚げギョウザ

第一仲よし保育園

●材料（8個分）

納豆	120g
しょうゆ	少々
ギョウザの皮	大判8枚
揚げ油	適量

●作り方

❶納豆にしょうゆを加えてよく練り混ぜる。

❷①を8等分してギョウザの皮で包み、端に水をつけてしっかりととめる。

❸②を170度の油でカラリと揚げる。

調理室より

揚げぎょうざは好評ですが、納豆の嫌いな子もいるので、中味を「ポテトとチーズ」や「ツナとたまねぎ」にしたものも作ります。

おからは栄養がいっぱい

おからは、豆腐の作りカスのような印象がありますが、ほかの大豆製品と同じ栄養素を豊富に含んでいます。クッキーやパウンドケーキ、ドーナツなどの材料として、積極的に使ってみましょう。ただし、日持ちがしないので、それだけはご注意を。

残りごはんやパンですぐできる！

おなか満足！“主食”のおやつ

軽いおやつじゃもの足りない元気っ子には、おなかにしっかりたまって次の食事にもひびかない、こんなおやつがおすすめです。

ごはん

なんといっても日本人の主食、ごはんは大切なエネルギー源です。残りごはんを使ったおやつは、アッという間にできるのも魅力です。

小麦粉が入ってモチモチした食感に
変わりきりたんぽ

きぎょう保育園

調理室より

きな粉をごまに変えたり、くるみを入れたみそだれをつけても。歯切れがよいので、だんごが食べにくい月齢の子にもおすすめです。

●材料（4人分）

ごはん	200g
小麦粉	45g
塩	少々
きな粉	20g
砂糖	大さじ2
塩	少々
水	適量

●作り方

❶ごはんと小麦粉、塩をボウルに入れて混ぜ合わせ、水を少しずつ加えながらこねる。
❷全体がまとまったら木の葉型に整え、沸騰した湯に落とし入れてゆでる。
❸浮き上がったものから冷水にとって冷まし、水けを切る。
❹きな粉、砂糖、塩を混ぜ、③にまぶす。

焦げたしょうゆの香りが食欲をそそる
カリカリおやき

バオバブ保育園

調理室より

園では玄米を使った「玄米おやき」として出しています。ごはんはカリカリ、小魚もパリッと焼けて、いい香りが広がります。

●材料（4人分）

ごはん	300g
しょうゆ	少々
じゃこ	1カップ弱
かつお節	10g
青のり	少々

●作り方

❶ごはんにじゃことしょうゆを混ぜ、オーブンシートを敷いた天板にのせて薄くのばす。
❷かつお節、青のりを全体にふりかけ、さらにしょうゆ少々を回しかけて200度のオーブンで約15分焼く。

味噌の風味でいただく
はらもちのいいおやつ

五平もち

豊川保育園

●材料（4人分）

ごはん ……………………………… 400g
A
- 赤みそ ………………………………40g
- 砂糖 …………………………………40g
- みりん…………………………………少々
- 酒………………………………………少々

サラダ油…………………………………少々

●作り方

❶Aを鍋に入れて混ぜ、弱火にかけて煮つめる。

❷ごはんをボウルに入れ、すりこぎなどで半づきにする。

❸ついたごはんを8等分して円盤状に形作り、油を薄くひいたホットプレートまたはフライパンで両面をこんがりと焼く。

❹③の両面に①の甘みそを塗り、器に盛る。

調理室より

昔ながらの素朴なおやつで、とっても簡単にできます。みそにごまを足したり、くるみをすりつぶして加えても美味です。

1 甘みその材料を全部鍋に入れて混ぜ、弱火にかける。木べらで混ぜながら砂糖を溶かし、少し煮つめて水分をとばしたらでき上がり。

2 冷めたごはんなら、電子レンジなどで温めて熱いうちにすりこぎやめん棒などでつく。粘りが出て半分粒が残る程度までついたらOK。

3 円盤状にしたごはんの両面をホットプレートで焼く。フライパンなら弱火でじっくり時間をかけて、カリッと香ばしく焼き上げて。

ルウがなくてもおいしくできる

パパッとドリア

黎明保育園

調理室より

保育園で一番人気のおやつです。具は、何でも合うのでお好みで。ホワイトソースを使ったドリアに比べて低カロリーなのもうれしいです。

●材料（2人分）

ミックスベジタブル（冷凍）…40g
ウインナ（親ゆび大）…………2本
サラダ油…………………………少々
ごはん ………………………100g
溶けるチーズ …………………30g
牛乳……………………………40cc
塩…………………………………少々
こしょう…………………………少々

●作り方

❶ミックスベジタブルと輪切りにしたウインナを油で炒める。

❷ごはんを温め、①とチーズの半量、牛乳を混ぜ、塩、こしょうで味を調える。

❸②を耐熱容器に入れ、残りのチーズをかけてオーブントースターでチーズが溶けるまで焼く。

パン

ふんわりおいしいパンのおやつは、手軽に作れてボリューム満点。焼いたり揚げたりのシンプル調理で、いろいろな味を楽しめます。

和光保育園

やわらかいのにサクッとしている新鮮な味わい

パンの耳プディング

●材料（4人分）

パンの耳 ……………………………160g
バター ………………………………10g
砂糖……………………………………大さじ3
牛乳 …………………………………160cc
卵黄……………………………………2個分

●作り方

❶パンの耳は1cm角に切る。
❷ボウルにバターと砂糖を入れて湯せんにかけ、バターを溶かす。
❸②に牛乳と卵黄を加えて混ぜ、①を加えてしっかりしみこませる。
❹③を耐熱容器に入れ、200度のオーブンでほんのり焦げ目がつくまで焼く。

調理室より

14年も飼っているがちょうの「フー助」のごはんは、パンの耳と野菜。パンの耳をいやがる子も「わー！フースケと同じ」と喜んで食べています。

くりのみ保育園

好きな材料をクルンと包めば ミニミニロールケーキができ上がり

ロールサンドの春巻き揚げ

調理室より

少し多めに作り、1個ずつラップに包んで冷凍するとストックできます。中の具はお好みで。

●材料（4人分）

食パン（10枚切り） …………8枚
ジャム…………………………………適量
マーガリン…………………………適量
プロセスチーズ
　………1cm角の棒状×4本
春巻きの皮…………………………8枚
揚げ油…………………………………適量

●作り方

❶食パンは耳を切り取る。4枚はジャムを塗り、残り4枚はマーガリンを塗ってチーズ各1本を芯にし、それぞれくるくると巻く。
❷①のロールサンドをそれぞれ春巻きの皮で包み、端は小麦粉を水で溶いたのり（分量外）でしっかりととめる。
❸揚げ油を180度に熱し、②をカラリと揚げる。

ほのかなオレンジの酸味でさっぱり食べられる

オレンジ風味のフレンチトースト

聖ヨゼフ保育園

●材料（2枚分）

食パン（6枚切り）……………………2枚

A
- オレンジ果汁（100%）……60cc
- 牛乳…………………………………60cc
- 卵………………………………………1個
- 砂糖……………………………大さじ1

バター…………………………………………適量

●作り方

❶食パンは耳をつけたまま半分に切る。
❷Aをバットなどの平らな容器に入れてよく混ぜ合わせ、①を両面浸す。
❸フライパンにバターを少々熱して②を両面焼き、皿に盛る。

調理室より

牛乳と卵だけで作るフレンチトーストよりも、さっぱり感があります。果汁は100%ジュースや生のオレンジを絞って。

シロップがしっとりしみて子どもにも食べやすい

レモンラスク

のーびる保育園

●材料（4人分）

フランスパン…………………1/4本

A
- 砂糖…………………1/4カップ
- 水……………………1カップ
- レモン汁…………………少々

●作り方

❶フランスパンは1cm幅に切り、オーブントースターでカリッと焼く。
❷Aを鍋に入れてひと煮立ちさせる。
❸焼いたフランスパンの両面を②にサッと浸す。

調理室より

少しかたくなったフランスパンでもOK。レモン汁につけるとやわらかくなり、さっぱり味で子どもにも食べやすくなります。

アツアツのジャムがとろけるよう

りんごのホットサンド

豊川保育園

調理室より

食パンでできるアップルパイ風のおやつ。りんごの代わりにチーズやハムをはさんでもおいしいですよ。

●材料（2人分）

食パン（8枚切り）…………………………………2枚
バター………………………………………………適量
りんご……………………………………………1/4個
砂糖…………………………………………大さじ1

●作り方

❶食パンは耳を切り落とし、バターを薄く塗る。
❷りんごは皮をむいていちょう切りにし、塩水につける。
❸②のりんごの水けをきって鍋に入れ、砂糖を加えてふたをし、弱火で透き通るまで煮る。
❹①のパンの上に③のりんごをのせ、半分に折って周囲をフォークの先で押さえ、しっかりととめる。
❺上面にバターを薄く塗り、オーブントースターでこんがりと焼く。

●材料（4人分）

食パン（8枚切り）……………4枚
ハム、スライスチーズ………各2枚
A
- 卵………………………………1個
- 牛乳 ……………… 1/4カップ
- 砂糖……………………………少々

バター……………………………少々

●作り方

❶パンは2枚1組にし、それぞれにハムとチーズをはさむ。
❷Aを平らな容器に入れて混ぜ合わせ、①の両面を浸す。
❸フライパンにバターを溶かし、②の両面を焼く。

ハム＆チーズが抜群のコンビネーション

クロックムッシュ

鳩ぽっぽ保育園

調理室より

保育園では大量に作るので、フライパンではなく180度のオーブンで両面焼き色がつくまで焼いています。

マーガリンとシナモンの風味がフワッと香る

シナモントースト

くりのみ保育園

●材料（2人分）

食パン（6枚切り）……………2枚
マーガリン…………………大さじ1
グラニュー糖………………大さじ1
シナモン…………………………少々

●作り方

❶食パンは斜めに切り、マーガリンを塗る。
❷グラニュー糖とシナモンを混ぜ合わせて①の上にまんべんなくふりかけ、オーブントースターで焼く。

小鳥が集まる木

太陽のめぐみに感謝して麦で作ったものを飾るクリスマスツリー本来の習慣に習って、茂呂塾保育園では子どもたちが粉をこねて素朴な塩パンを焼き、庭の木につるします（焼き立ては自分たちも食べます）。雪だるま、リース、つえ、長ぐつ……
思い思いの形のパンが、木の枝にぶらぶら。食べ物が少ない冬、子どもたちから「小鳥さんたちへのプレゼント」です。冬の間、小鳥たちがパンをついばむ様子を子どもたちは部屋の中からそおっと見守ります。
（板橋区・茂呂塾保育園）

めん

消化のよいエネルギー源といえば、まず思い浮かぶのがめん類。手間いらずのおやつから、あつあつがうれしいごはん風のおやつまで一挙にご紹介します。

和風の味つけにんにく風味が子どもに人気

にんにくしょうゆのスパゲティ

バオバブ保育園

●材料（2～3人分）

スパゲティ（乾燥）……………………200ｇ
ベーコン ………………………………150ｇ
玉ねぎ（中）……………………………1個
しめじ ………………………………… 80g
にんにく…………………………………1片
バター …………………………………20ｇ
塩…………………………………………少々
こしょう…………………………………少々
しょうゆ…………………………………少々

●作り方

❶スパゲティをたっぷりの熱湯でゆでる。
❷ベーコンは細切りにし、玉ねぎは薄切りにする。しめじは食べやすくほぐし、にんにくはみじん切りにする。
❸バターで②を炒め、香りが立ったらゆでたてのスパゲティを加える。全体をあえながら、塩、こしょう、しょうゆで味を調える。

調理室より

ほんのりにんにくの香りがただようバターしょうゆのスパゲティは、園の人気メニュー。にんにく大丈夫かなと思いましたが、みんなもりもり食べていました。

保育園のおやつの
定番中の定番といえばコレ

きな粉マカロニ

第一仲よし保育園

●材料（4人分）

マカロニ ………………………30ｇ
きな粉…………………………………適量
砂糖……………………………………適量

●作り方

❶マカロニを熱湯でゆで、やわらかくなったらざるに上げる。
❷きな粉と砂糖を混ぜ合わせ、①のマカロニにまぶしつける。

野菜の甘さでコンソメスープが深〜い味わいに

マカロニ入り野菜スープ

赤ちゃんの家保育園

調理室より

においが強く、苦手な子も多いセロリですが、実はこれがおいしさのポイント。野菜がいっぱい入っていても、子どもたちは大好きでよく食べるんです。

●材料（4人分）

マカロニ	20g
キャベツ	大1枚
玉ねぎ	1/4個
セロリ	1/4本
にんじん	1/3本
水	4カップ
固形スープの素	1個
塩	少々

●作り方

❶マカロニは熱湯でゆで、ざるに上げておく。
❷野菜は食べやすい大きさの薄切りにする。
❸鍋に水4カップと①の野菜を入れて火にかけ、やわらかくなったら固形スープの素と塩で味を調える。
❹器にマカロニを入れ、③のスープを注ぐ。

からだがほかほか暖まる具だくさんのすいとん

吉野汁

和光保育園

調理室より

いわゆるすいとん汁。鍋ごと運んで、1人ずつよそったらすぐいただきます。「寒い日はやっぱりこれね」という会話が子どもから聞こえてきます。

●材料（4人分）

鶏胸肉	1/2枚
里いも	2個
ごぼう	1/4本
にんじん	1/3本
大根	2cm
こんにゃく	1/5枚
油揚げ	1/2枚
サラダ油	少々
だし汁	5カップ
しょうゆ	大さじ1
塩	少々
小麦粉	80g
水	適量

●作り方

❶鶏肉と里いもはひと口大に切り、ごぼうはささがきにする。大根、にんじんはいちょう切りにし、こんにゃくと油揚げは短冊切りにする。
❷鍋に油を熱して①を炒め、だし汁、しょうゆを加えて野菜がやわらかくなるまで煮る。最後に塩で味の調整をする。
❸小麦粉に水を少しずつ加えて練り、耳たぶよりやわらかめにまとまったら少しずつちぎって②に落とし入れる。浮き上がってきたら火を止め、器に盛る。

今日はなにを作るかな？

パパッとできて失敗なし！

子どもに贈る健康おやつ30

池上流

池上保子　料理研究家・管理栄養士

おいしくできた！

レシピのおやつ

●材料（4人分）

クリームチーズ……………………250g
卵……………………………………2個
小麦粉……………………………大さじ3
生クリーム…………………………1カップ
砂糖………………………………大さじ4
レモン汁…………………………大さじ1

●作り方

❶クリームチーズは室温に戻してやわらかくしておく。
❷①のチーズと他の材料全てをミキサーに入れ、なめらかになるまで攪拌する。
❸耐熱容器に②を流し入れ、オーブントースターで12～13分焼く。

※途中、表面が焦げそうなときは、上にアルミホイルをかぶせるとよい。ミキサーがない場合は、ボウルでなめらかに混ぜ合わせて。

一気にまぜて、あとは焼くだけ！
コクがあるのに軽～い舌ざわり

かんたんチーズケーキ

トリュフチョコのような味わいの
しっとりなめらかなミニケーキ

ココアボール

●材料（4人分）

カステラ………………………………2切れ
生クリーム…………………………大さじ3
レーズン……………………………10g
ココア…………………………………適量

●作り方

❶カステラは小さく切り刻み、生クリームをかけてよく混ぜる。
❷レーズンは水少々（分量外）を加えて、電子レンジで約30秒加熱し、やわらかくする。細かく刻んで①に加え、よく混ぜ合わせる。
❸②を小さめのボール型に丸め、全体にココアをまぶす。

手間をかけずに

ラクラク本格

生地を入れたらスイッチポン
ふんわりケーキがこの手軽さで

炊飯器スポンジケーキ

おやつ作りは手間も時間もかかるし、特別な道具も必要？　いえいえ、そんなことはありません。アイデアひとつでほらっ。おいしいおやつがアッという間に！

●材料（約6人分）

ホットケーキミックス……200g
ベーキングパウダー……小さじ1
卵……1個
牛乳……150cc
バター……適量
生クリーム……1カップ
砂糖……大さじ3
いちご……2～3個

注）炊飯器の機種によっては、使用できない場合もあります。

●作り方

❶ホットケーキミックスにベーキングパウダーを合わせておく。
❷ボウルに卵を割り入れ、牛乳と①を加えてさっくり混ぜる。
❸保温機能つき炊飯器の内釜にバターを薄く塗って②を流し入れ、ふたをしてスイッチを入れる。
❹しばらくすると「保温」に切り替わるが、そのまま40～50分ほどおく。炊飯器から出して網にのせ、あら熱をとる。
❺生クリームに砂糖を加えて混ぜ、八分立てにホイップしたら④のスポンジに塗り、いちごを飾る。

1

炊飯器に生地を流したら、「白米」を炊くときと同じようにスイッチを入れる。内釜にバターを塗っておくと、あとで生地が取り出しやすい。

2

スイッチが保温に切り替わったら、そのままの状態で40～50分おく。竹串をさして、生地がついてこなければでき上がり。

3

クリームを塗るときは、逆さにしたどんぶりを台にしてに生地を置き、手で台を回しながら、ナイフで平らにならすようにして塗るとよい。

ごま&パン粉の衣の香ばしさで
チーズのうまみがグンとアップ！

2色チーズフライ

●材料（4人分）

プロセスチーズ……100g
小麦粉……適量
溶き卵……1個分
パン粉……適量
いりごま（白）……大さじ2
揚げ油……適量

●作り方

❶プロセスチーズは2cm角に切る。
❷①のチーズの半量に、小麦粉、溶き卵、パン粉の順につける。残りのチーズにはパン粉のかわりにいりごまをつけて、それぞれ中温の油でこんがりと揚げる。

つはこれで決まり！

や～りデザート

ヨーグルトアイス

さわやかな甘味と酸味がお口の中でフワっととける

●材料（4人分）
ヨーグルト（加糖）…………………2カップ
卵白……………………………………2個分
砂糖……………………………………大さじ2

●作り方
❶ボウルに卵白、砂糖を入れ、ピンと角が立つまで泡立て、メレンゲを作る。
❷別のボウルにヨーグルトを軽く泡立て、①のメレンゲを加えてさっくりと混ぜる。
❸②をふたつきの容器などに流し入れ、冷凍室で1～2時間冷やし固める。

混ぜてチンして冷やすだけ、でなめらかアイスのできあがり！

食パンシャーベット

●材料（6人分）
食パン（8枚切り）………2枚
白桃（缶詰）……………2切れ
A ┌溶き卵 ……………2個分
　 │牛乳 ……………大さじ3
　 │砂糖…………1/2カップ
　 └生クリーム ……1カップ

●作り方
❶食パンは耳を取り除き、小さく切る。
❷桃はフォークなどでつぶしておく。
❸耐熱ボウルにAを合わせて混ぜ、①の食パンも加えてさらによく混ぜる。
❹③にラップをして電子レンジで3～4分加熱したら取り出して混ぜ、②の桃も加えてさっくりと混ぜ合わせる。
❺バットに流して冷凍室に入れ、1～2時間冷やし固める。
※材料全てをミキサーにかけ、冷やし固めても簡単にできる。

1 食パンは細かくカットして生地になじみやすくする。パンをつぶすような感じで混ぜ合わせて。

2 レンジで熱を加えて生地をしっとりとさせたら、さらによく混ぜ、なめらかにする。

3 桃はフォークなどでよくつぶし、ペースト状にしておく。生地に加えたらさっくりと合わせる。

暑い季節のおや

ひんやり冷たい

キュンと冷えた飲み物、あと味さっぱりシャーベット…　汗をいっぱいかいて遊んだあとは、こんなおやつが最適です。夏バテ気味のママ、パパにもおすすめ！

ビタミンたっぷりで見た目もオシャレ！
おもてなしにもなるドリンクです

いちごのスムージー

●材料（4人分）

いちご …………………………150g
牛乳……………………………150cc
はちみつ………………………大さじ2

●作り方

❶いちごはへたをとって冷凍しておく。
❷①の冷凍いちご、牛乳、はちみつをミキサーに入れ、なめらかになるまで攪拌して、グラスに注げばでき上がり。
※市販の冷凍いちごを利用してもよい。はちみつの量は果物の甘さをみて調整を。いちごの代わりにブルーベリーやラズベリーなどで作ってもおいしい。

シュワッとのどごしすっきり！
クリーミーなフルーツドリンク

スイカのミルクサイダー

●材料（6人分）

スイカ ………………………300g
牛乳…………………………1カップ
砂糖…………………………大さじ1
氷……………………………少々
サイダー ……………………100cc

●作り方

❶スイカは飾り用に、5～6個スプーンで丸くくりぬき、残りは全てざく切りにする。
❷①でざく切りにしたスイカ、牛乳、砂糖をミキサーにかけて、なめらかにする。
❸グラスの6分目まで②を流し入れ、氷と飾りのスイカを加え、サイダーを注ぐ。

んなにいっぱい！
さしいおやつ

外はカリカリ、中はもちっ！
普通のピザとはひと味違うおいしさ
もちピザ

●材料（4人分）
切りもち……………………………2枚
玉ねぎ …………………………1/8個
ピーマン、赤ピーマン …各1/2個
プチトマト………………………2個
サラダ油…………………………少々
市販のピザソース…………大さじ1
ピザ用チーズ …………………30g

●作り方
❶切りもちは1枚の厚みを半分にし、全部で4枚にする。
❷玉ねぎとピーマンは細切りに、プチトマトは半分に切る。
❸フライパンにサラダ油を薄くしき、①のもちをすきまなく並べ、両面に焼き色がつくまでふたをして焼く。
❹③のもちの上にソースを塗り、チーズと②の野菜をのせてふたをし、チーズが溶けるまで中火で蒸し焼きにする。

こくのあるチーズ白玉に
コンソメ味がとってもマッチ！
チーズ入り白玉だんごのスープ

●材料（4人分）
白玉粉 …………………1/2カップ
水…………………………………適量
プロセスチーズ ………………20g
スープ
┌固形スープの素…………1/2個
│水…………………………1カップ
└塩、こしょう…………………少々
サラダ菜…………………………2枚

●作り方
❶白玉粉に水を加えてこね、耳たぶ程度の固さにして8等分する。
❷チーズも8等分にし、①の白玉で包んでひと口大の団子にする。
❸沸騰した湯に②の団子を入れてゆでる。浮き上がってから、さらに1分ほどゆでればOK.。
❹鍋にスープの材料を入れて温め、③の団子、ちぎったサラダ菜を加え、器に盛る。

健康おやつがこ

体にや

甘くない

野菜やお肉、お豆腐など、栄養になる素材をいっぱい使ったおやつです。ちょっとおなかがすいたときにぴったりの、はらもちのいい健康おやつをど～んとご紹介しましょう。

淡白なささみにごまの風味をプラス
いくつ食べても飽きないおいしさ！

ささみのごませんべい

●材料（4人分）

鶏ささみ肉……………………2本
A［しょうゆ…………小さじ1
　 みりん……………小さじ1
桜えび……………………10g
いりごま（白）………大さじ4
いりごま（黒）……………少々
小麦粉…………………大さじ2
水…………………………少々
揚げ油……………………適量

鶏ささみ肉を薄くのばすときは、すりこぎや空きビンなどを使って、少しずつたたいて、平らにのばしていく。

●作り方

❶鶏ささみ肉は筋をとってひと口大に切り、平らに薄くのばして、Aを合わせものに2～3分浸しておく。
❷桜えびは粗く刻み、ごまと合わせる。
❸小麦粉に水を少しずつ加えて、ドロリとした濃いめの衣を作る。
❹①のささみに③の衣をつけ、②を全体にまぶしたら、中温の油でカラリとなるように揚げる。

●材料（2人分）

鶏ひき肉……………………40g
A［パン粉……………大さじ2
　 溶き卵……………大さじ1
　 万能ねぎ（小口切り）…2本分
　 しょうゆ…………小さじ1
　 みそ…………………少々
　 砂糖…………………少々
ロールパン（小）……………2個
サラダ菜……………………2枚

●作り方

❶ボウルに鶏ひき肉とAを入れてよく混ぜる。
❷オーブントースターの受け皿にサラダ油（分量外）を塗り、①をのせて1cm厚さの四角形にのばし、10分ほど焼いて中まで火を通す。
❸ロールパンに切り目を入れ、サラダ菜と食べやすい大きさに切った②をはさむ。

手軽にできておなかも満足。
和風の味つけが子どもにウケます

のしどりサンド

サクッと香ばしい歯ざわりに
野菜嫌いの子も「もう1本！」

くいしん棒

●材料（4人分）

バター……20g

A
- 小麦粉……1カップ
- パセリのみじん切り……大さじ2
- にんじんのすりおろし……1/2本分
- すりごま（白）……大さじ1
- 塩……少々
- 水……大さじ1～1と1/2

●作り方

❶バターは電子レンジに20秒ほどかけて溶かす。
❷ボウルに①のバターとAを順に加え、練るようにして混ぜ合わせる。
❸めん棒で、②の生地を2mmほどの厚さに平らにのばし、スティック状に切る。
❹オーブントースターの受け皿にサラダ油（分量外）を薄くしき、③を間をあけて並べ、10分ほど焼く。
※途中、表面が焦げるようなら、アルミホイルをかぶせて焼くとよい。トースターの余熱でしばらくおくと、パリッと仕上がる。

1 すりおろしたにんじんは汁ごと加える。水は材料の最後に少しずつ加え、生地の固さを見ながら分量を調節する。

2 生地をのばすときは、乾いたまな板の上に小麦粉をふって作業するとくっつかない。切り分けるときは、5mm～1cmくらいの幅に。

ほうれんそうがたっぷり入った
子どもにうれしい栄養おやつ！

ポパイボール

●材料（4人分）

ほうれんそう……100g

A
- 小麦粉……大さじ1
- パン粉……大さじ2
- 粉チーズ……大さじ1
- 卵白……大さじ1分
- 塩……少々

小麦粉……適量
溶き卵……適量
パン粉……適量
揚げ油……適量

●作り方

❶ほうれんそうはサッとゆでて水にとり、水けをかたく絞ってみじん切りにし、さらに包丁で細かくたたく。
❷ボウルに①とAを合わせて混ぜ、ひと口大のボール型に丸める。
❸②に小麦粉、溶き卵、パン粉を順につけ、中温の油でキツネ色になるまで揚げる。

豆腐を使って軽～い口あたり
甘酸っぱい風味も楽しめます

りんごとお豆腐のカナッペ

●材料（4人分）

りんご……………………………………………1/4個
絹ごし豆腐…………………………1/3丁（100g）
マヨネーズ………………………………………大さじ1
クリームチーズ…………………………………大さじ1
クラッカー…………………………………………適量

●作り方

❶りんごは薄いイチョウ切りにする。
❷豆腐は水きりをして、すり鉢などでなめらかになるまでつぶす。
❸②にマヨネーズとチーズを加えてよく混ぜ合わせ、①のりんごも加えて混ぜる。
❹クラッカーの上に③のディップをのせていただく。仕上げにりんごの薄切り（皮つき）を飾るとかわいい。

こびとさんがダンスしているみたい！
ポンポンはじける音に興味しんしん

ポップコーン

●材料（4人分）

市販の乾燥とうもろこし …………1/2カップ
バター……………………………………小さじ1
サラダ油…………………………………大さじ1
塩…………………………………………少々

●作り方

❶鍋にバターとサラダ油を入れて中火にかけ、バターが溶けたらとうもろこし、塩を加えて混ぜ、ふたをする。
❷ポンポンと、とうもろこしがはねる音がしなくなったら火を止め、ざるに広げてさます。

体にやさしい甘くないおやつ

ソーセージやチーズを入れてもOK
コロンと丸めてほうばりましょう！

なんでもOKたこやき

●材料（4人分）

ゆでだこ……………………………約30g
紅しょうが…………………………大さじ1
長ねぎ ………………………………1/4本
A ┌溶き卵……………………………1個分
　 │だし汁……………………………1カップ
　 └小麦粉……………………………1カップ
サラダ油………………………………適量
とんかつソース………………………適量

●作り方

❶ゆでだこは約1cmのサイコロ状に、紅しょうがと長ねぎは粗みじんに切る。
❷ボウルにAを順に加えて混ぜ、ゆるめの生地を作る。
❸たこ焼き器にサラダ油を塗って熱し、②の生地を流し入れ、①の材料を適量ずつ加える。
❹固まってきたらひっくり返し、中まで火を通す。いただくときにソースをかけて。

たこ焼きの生地は、天ぷらの衣よりゆるめに溶く。お玉ですくってトロトロ流れるくらいがベスト。

野菜のうまみがこの一皿にギュッ！
こんがりチーズが食欲をそそります

野菜たっぷり皮なしキッシュ

●材料（4人分）

ブロッコリー…………………1/4株（約60g）
にんじん………………………1/4本（約40g）
ハム……………………………………………3枚
卵………………………………………………2個
生クリーム…………………………大さじ4
ピザ用チーズ ………………………………40g
塩、こしょう…………………………………少々

●作り方

❶ブロッコリーは小房に分け、粗みじん切りにしたにんじんとともにサッとゆでる。ハムは1cmの角切りにする。
❷ボウルに卵を割り入れ、生クリームとチーズを加えてよく混ぜ、塩、こしょうをふる。
❸耐熱容器に②を流し入れ、①の野菜とハムを加え、オーブントースターで10分ほどこんがりと焼く。途中、焦げ目がついたら、上にアルミホイルをかぶせて焦げすぎを防ぐ。

韓国風野菜のおやき

こんがり野菜の香りにおなかがグ～ッ！
酢じょうゆのさっぱりだれでめし上がれ

●材料（４人分）

にら……1/4束
みつば……1束
春菊の葉……1/4束分
かぼちゃ……30g
桜えび……10g
卵……1/2個
水……1/2カップ
A［小麦粉……80g
　塩……小さじ1/2
　すりごま（白）……小さじ2］
ごま油……大さじ1/2
たれ
［しょうゆ……大さじ1
　酢……大さじ1/2
　砂糖……小さじ1/4］

●作り方

❶にら、みつば、春菊の葉は、それぞれ2～3cm長さに切る。かぼちゃは4～5cm長さのせん切りに、桜えびは粗く刻む。
❷ボウルに卵を入れて割りほぐし、水を加えて混ぜる。この中にAを入れてだまができないようによく混ぜ、①を加えてさらに混ぜる。
❸フライパンにごま油を熱し、②の生地を1/2量を入れて薄く広げる。フライ返しなどで押しつけながら、中火で両面をこんがり焼く。残りの生地も同じようにして焼く。
❹食べやすい大きさに切り、合わせたタレにつけていただく。

コロッケグラタン

いつものコロッケがおやつに早変わり
こんなに手軽で味は本格派！

●材料（2人分）

コロッケ……2個
牛乳……400cc
ホールコーン（缶詰）……大さじ2
グリーンピース……大さじ2
ピザ用チーズ……40g

●作り方

❶コロッケはフォークなどで細かくつぶしながら牛乳を加えてやわらかくのばす。
❷①にコーンとグリーンピースを加えて混ぜ、耐熱容器に入れてチーズをのせる。
❸オーブントースターで7～8分、こんがり焼き色がつくまで焼く。

で失敗ナシ！

おいしさおやつ

昔なつかしいおやつから、手軽に作れるアイデアおやつまで勢ぞろい。和風の味つけは、今の子ども達に大人気。作ったママの株もグ～ンと上がることうけあいです。

栄養満点のきな粉がたっぷり！
駄菓子風のなつかしいおやつ

プチきな粉だんご

●材料（4人分）

A
- 白玉粉……30g
- くず粉……30g
- 砂糖……80g

水……1/2カップ
きな粉……1/2カップ

●作り方

❶鍋にAを入れ、水を少しずつ加えながら木べらですり混ぜる。
❷①を中火にかけ、木べらで底の方から手早く混ぜて煮る。とろみがついてきたら弱火にし、透明感がでるまで鍋底からかき混ぜながら煮る。
❸②にきな粉を加え、木べらでまんべんなく混ぜ込むように練り混ぜる。粗熱がとれたら、手でこねてひとつにまとめる。
❹乾いたまな板にきな粉少々（分量外）をふり、③をのせて2cm幅くらいの棒状にのばす。
❺④をひと口大に切って丸め、つまようじに3個ずつ刺す。

かぼちゃのやさしい甘味がツルン！
ビタミンたっぷりの満点和菓子

かぼちゃようかん

●材料（8人分）

かぼちゃ（正味）……400g

A
- 粉寒天……4g
- 砂糖……1/2カップ
- 水……150cc
- 牛乳……150cc

●作り方

❶かぼちゃはラップにくるんで電子レンジで6～7分加熱し、皮を取り除く。細かく切って、さらに裏ごしをしてなめらかにする。
❷鍋にAを入れて火にかけ、少し煮つめたら①のかぼちゃを加え、木べらでよく練り合わせる。
❸サッと水で濡らしたバットに②を流し入れ、冷蔵室で1～2時間冷やし固める。食べるときにクッキー型などで抜き、器に盛る。

※裏ごし器がないときは、すりこぎなどで丁寧につぶし、なめらかにして。

オリジナルレシピ

なつかしい和風の

スピードおはぎ

おもちとごはんの合わせ技で決まり！
めんどうなおはぎをたった10分で

1
耐熱容器にもちとご飯を入れたら、水分がとばないように、ラップをかける。

2
レンジから出したら熱いうちにつぶして、もちとご飯をまんべんなく混ぜ合わせる。

3
ラップを使って形作れば、手も汚れずきれいな仕上がりに。あずきがゆるい場合は、小鍋に入れて弱火にかけ、水分をとばしてから作業するとよい。

●材料（4人分）
切りもち……………………………………2個
ご飯……………………………………1カップ
水……………………………………大さじ2
粒あん（またはこしあん）…………2カップ

●作り方
❶耐熱容器に切りもちを並べ、上にご飯をのせて水をふる。ラップをして電子レンジで1分30秒〜2分加熱する。
❷①をめん棒などでよくつぶし、もちとご飯を混ぜ合わせて5等分にする。
❸粒あんも5等分にし、ラップの上に1/5量を広げる。あんの中央に②を1個分のせて包み、丸く形を整える。残りも同じようにして作る。

ねじりん棒

水分を飛ばしてカラリと揚げるのがコツ。
このパリパリ感が子どもに大人気

●材料（4人分）
A ┌小麦粉……………………………1カップ
A │牛乳………………………………50cc
A │砂糖………………………………大さじ3
A └いりごま（白）……………………大さじ1
揚げ油……………………………………適量

●作り方
❶ボウルにAを順に入れて混ぜ、手でよくこねる。
❷①をラップにくるんで冷蔵室に20分ほどねかしたあと、4等分にする。
❸それぞれをめん棒で薄い板状にのばし、5cm長さに切り分けたら、中央でキュッとひねる。
❹中温よりやや弱めの油で、③をキツネ色になるまで、じっくりと水分をとばすようにしてカリッと揚げる。

なつかしいおいしさ 和風のおやつ

昔なつかしいおしょうゆだんごは
現代っ子にも新鮮なおいしさ

ほっぺた おっこちもち

●材料（4人分）

だんご粉……………………………1カップ
水 ………………………………1/2カップ
サラダ油…………………………大さじ1
たれ
┌しょうゆ………………………大さじ1
└砂糖……………………………大さじ1

●作り方

❶だんご粉に少しずつ水を加えてこね、耳たぶ程度の固さにして、ひと口大に丸める。
❷フライパンにサラダ油を熱して①を並べ、中火でゆっくり両面をこんがりと焼く。
❸水大さじ2（分量外）を加え、ふたをして1〜2分蒸し焼きにして中まで火を通す。
❹熱いうちに、合わせておいたたれにからめていただく。

カルシウムたっぷりの小魚おやつ
くるみとごまで風味も豊かです

煮干しのチップス

●材料（4人分）

煮干し …………………………………40g
くるみ（粗く刻んだもの）…………大さじ1
揚げ油……………………………………適量
A┌しょうゆ………………………小さじ1
　│みりん…………………………大さじ1
　│バター…………………………小さじ1
　└マヨネーズ……………………小さじ1
いりごま（白）…………………………大さじ1

●作り方

❶煮干しは頭と腹わたを取り除く。
❷フライパンに深さ1cmほどまで油を入れて中温に熱し、①の煮干しとくるみをサッと揚げる。
❸小鍋にAを入れてひと煮立ちさせ、②の煮干しとくるみ、ごまを加えてサッと混ぜ合わせる。サラダ油（分量外）を塗った皿の上などに広げて冷ます。

ほんのり甘いおやつかき揚げ。
豆が苦手な子でもこれならOK！

煮豆のおとし揚げ

●材料（4人分）

小麦粉……………………………………1カップ
水…………………………………………1/3カップ
A┌市販の金時豆 ………………………200g
　│ホールコーン（缶詰）……………大さじ2
　└グリーンピース……………………大さじ2
揚げ油……………………………………適量

●作り方

❶小麦粉に水を少しずつ加え、ドロリとした濃いめの衣を作り、Aを加えてさっくり混ぜ合わせる。
❷中温の油に、①をスプーンですくってそっと落とし入れ、軽く色づくまで揚げる。

パリンパリンせんべい

桜えびの香りがギュギュッ！
ダブルのごまがアクセント

1

水を加えるときは少しずつ。そのつどゴムべらなどでよく混ぜ合わせる。

2

生地は、ラップにくるんで冷蔵室でしばらくねかせておくとまとまりやすくなる。

3

生地がくっつかないようにめん棒にも打ち粉をふる。生地が切れないようにやさしい力加減でのばす。

●材料（4人分）

桜えび		10g
A	小麦粉	1カップ
	砂糖	大さじ2
	塩	少々
	いりごま（白と黒）	各大さじ1と1/2
水		45cc
揚げ油		適量

●作り方

❶桜えびは粗く刻む。
❷ボウルに①とAを合わせ、水を加えてよくこねる。
❸②を2等分して棒状にまとめ、ラップにくるんで30分～1時間ほど冷蔵室でねかせた後、5mm幅の輪切りにする。
❹乾いたまな板に小麦粉少々（分量外）をふり、③をめん棒などで薄く平らにのばす。
❺中温の油で、④をカラリとキツネ色になるまで揚げる。
※生地はラップにくるんだまま冷凍も可能。

なつかしいおいしさ 和風のおやつ

プルンプルンと見た目もキュート。からだにやさしいおやつの定番

わらびもち

●材料（4人分）

わらび粉 ……………………………… 1/2カップ
水 ……………………………… 2と1/2カップ
A ┌ きなこ ……………………………… 1カップ
　 │ 砂糖 ……………………………… 1/2カップ
　 └ 塩 ……………………………… 少々

●作り方

❶鍋にわらび粉を入れ、水を少しずつ加えてよく混ぜ、中火にかける。木べらで底の方からたえずかき混ぜ、乳白色からしだいに透明感が出てくるまで煮る。

❷サッと水にぬらしたバットに①を流し入れ、粗熱がとれたら冷蔵室で冷やす。

❸②をひと口大に切り分け、Aをまぶす。器に盛り、残ったAをたっぷりかける。

みたらしあんがあとをひきます。くせがないので野菜嫌いの子にも

れんこんもち

●材料（4人分）

れんこん ……………………… 300g
A ┌ 小麦粉 ……………………… 大さじ2
　 │ パセリのみじん切り … 大さじ2
　 └ すりごま（白） ……… 大さじ1
サラダ油 ……………………… 大さじ1
たれ
┌ しょうゆ ……………………… 大さじ1
│ 砂糖 ……………………… 大さじ1/2
│ だし汁 ……………………… 大さじ2
└ 片栗粉 ……………………… 小さじ1/2

●作り方

❶れんこんはすりおろし、水けを軽くきってAとよく混ぜ、ひと口大に丸める。

❷フライパンにサラダ油を熱し、①を並べて両面に焼き色がつくまで焼いて中まで火を通し、器に盛る。

❸たれの材料を小鍋に入れて混ぜながら弱火で煮る。とろみがついたら、②の上にトロリとかける。

知っておきたい 栄養ポイント& 作り方テクニック

健康素材を 上手に使おう

砂糖ひとつとってみても、含まれる栄養や使う用途が異なります。そこで、からだによい栄養がたっぷりとれるおやつ素材のいろいろをご紹介。上手に使いこなして、健康おやつのレパートリーをどんどん増やしましょう。

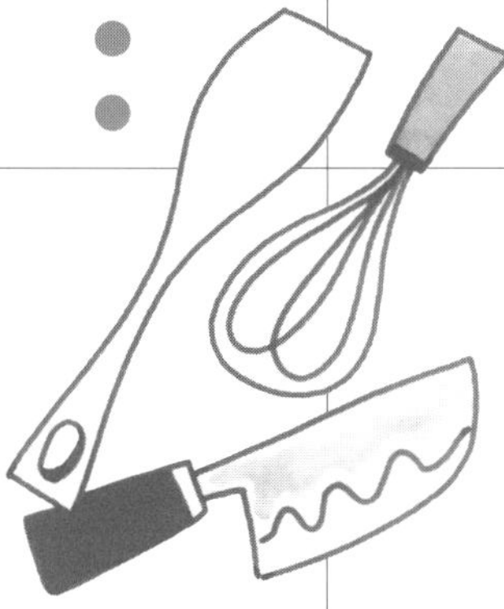

栄養を考えた メニュー作りを

ビタミン、カルシウム、たんぱく質……丈夫なからだづくりに欠かせない栄養は、どんな食べものに含まれているのでしょうか。からだによいメニューを考えるのに役立つ、栄養のはたらきと調理法をご紹介します。

作る楽しみ、 食べる楽しみは こんな工夫でもっと広がる

おやつは食べるのはもちろん、作るプロセスだってとても楽しい。親子でワイワイにぎやかにおやつやごはんを作れば、でき上がった料理はきっと何倍もおいしいものです。無理なく楽しくお手伝いしてもらいましょう。

健康おやつのおすすめ素材

砂糖類

上白糖が一般的に使われていますが、原料や精製度によって、風味や栄養が変わります。お菓子によって上手に使い分けを。

三温糖…上白糖やグラニュー糖を取り出した後の糖蜜を何度も煮詰めて作る。甘味と風味が強く、和菓子や和食によく使われるが、白く仕上げるお菓子には不向き。

黒砂糖…精製されていない砂糖。甘味と風味が強く、ミネラルが豊富。蒸しパンや黒みつなどに。

きび糖…さとうきびの絞り汁を精製しないで煮詰め、不純物を取り除いたもの。カルシウムと鉄が豊富に含まれている。

てんさい糖…さとう大根の絞り汁を精製しないで煮詰め、不純物を取り除いたもの。カルシウムなどのミネラルのほかに、整腸作用のあるオリゴ糖を含む。

はちみつ…ミツバチが集めた花のみつを濾過したもの。色が濃いものほど、ミネラルが豊富。生で与えるのは一歳を過ぎてから。

粉類

おやつ作りはこれがないと始まりません。あなたも「粉通」になっていろいろなお菓子作りにチャレンジ!

薄力粉（小麦粉）…軟質小麦から作られる。強力粉に比べて、粘りが出にくく、コシが弱いため、ふんわりとした仕上がりになる。スポンジケーキ、クッキーなどに。

強力粉…硬質小麦から作られる。水を加えてこねると弾力性のあるコシの強い生地になる。パイ生地やパンなどに向く。

全粒粉…皮や胚芽を取り除かずに、小麦をひいた粉。ミネラル、食物繊維が豊富。全体的に薄い褐色をしている。

白玉粉…精白したもち米を水に浸した後、粉状にしたもの。粒子が細かく、消化吸収がよい。

上新粉…うるち米から作られる粉。白玉粉のように、粘り気はない。だんごの他に、せんべいに使われる。

くず粉…もともとはくず（葛）という植物の根から採ったでんぷんで、生産量が少ないため、現在はさつまいもなどのでんぷんを混ぜたものが多い。くずもち、くず切りや、各種和菓子に使う。

だんご粉…もち米とうるち米をそれぞれ砕いて、およそ1対1の割合で合わせたもの。みたらしだんごや柏もちの材料に。

穀類

精製度が低いものほど、ミネラルや食物繊維が豊富。白米や粉類とは違った風味や食感が味わえます。

もちきび…食物繊維が多く、もちもちとした食感でくせがない。きびだんごなど、和菓子の材料として使われるほか、ごはんに混ぜて炊くのも。

玄米…たんぱく質、ミネラル、ビタミン類、食物繊維が豊富。カルシウムを吸収しにくくするミネラルが含まれているので、カルシウムの多い食品と組み合わせるとよい。玄米でおやきなどをつくれば白米と違った風味が楽しめ、味もよい。

※穀類には、ほかにひえやあわなどもある。食物繊維やミネラルが豊富。

製菓材料

お菓子を膨らませたり、固めたり、色や風味をプラスします。上手に使いこなせばレパートリーもアップ!

ベーキングパウダー…重曹と酸化剤から成る膨張剤。お菓子を膨らませるために使う。必ず小麦粉と合わせてふるって使うのがポイント。

重曹…お菓子を膨らませる膨張剤。においや苦味が出ることがあるので、ベーキングパウダーと合わせて使うことが多い。

ゼラチン…たんぱく質の一種、コラーゲンが主成分。溶かして冷やすと固まる性質があり、ゼリーやババロアに使われる。生のパイナップル、キーウイ、パパイヤなどは、たんぱく質分解酵素を含むため、ゼラチンが固まらないので注意。

寒天…てんぐさなどの海藻が原料。ノーカロリーで食物繊維が豊富。棒寒天は水で戻して使うが、おやつ作りには粉寒天が手軽に使えて便利。牛乳寒天や水ようかんなどに。

ココア…カカオ豆が原料。脂肪分を抜いて作られているので、チョコレートより低カロリーで、ミネラルが摂取できる。

抹茶…香り色あいがよいので、和風のお菓子だけでなく、ゼリー、アイスクリーム、ケーキなどにも使われる。ビタミンCが豊富。

オートミール…燕麦（えんばく）をひきわりにしたシリアルの一種。クッキーに入れたり、お菓子のトッピングに。食物繊維やビタミンBが豊富。

スキムミルク…脱脂粉乳ともいう。カルシウムが豊富で低カロリー。製菓材料というわけではないが、粉状なので、カルシウム補給のためにおやつの隠し味として用いるのも。ぬるま湯でといて牛乳の代わりに使うのもよい。

あると便利な道具のいろいろ

おやつ作りの手間が省けるレパートリーがもっと増える

泡だて器

手になじんで、疲れにくいものを選ぶとよい。電動のハンドミキサーは、おやつ作りの手間が省けてとても便利。

裏ごし器

繊維のあるさつまいもやかぼちゃなどをおやつに使うときは、裏ごししておくと食感がなめらかに。

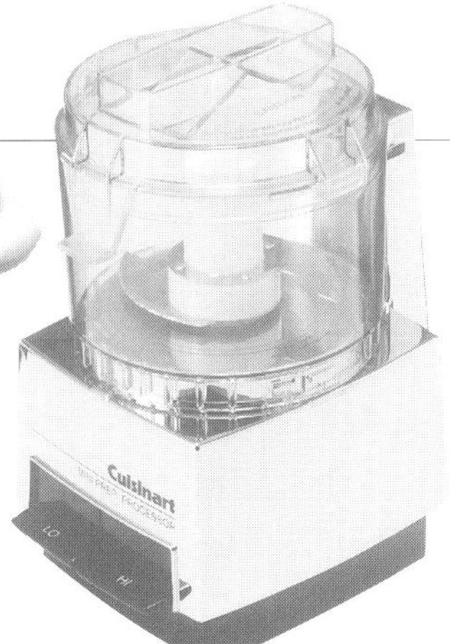

フードプロセッサー

たくさんの材料を、薄切りしたり細かく切ったりするのに便利。料理やおやつ作りの時間短縮に。

ミキサー

材料を一気に混ぜたり、ペーストを作るのに重宝する。野菜やフルーツを使ったおやつ作りは、これがあるととてもラク。

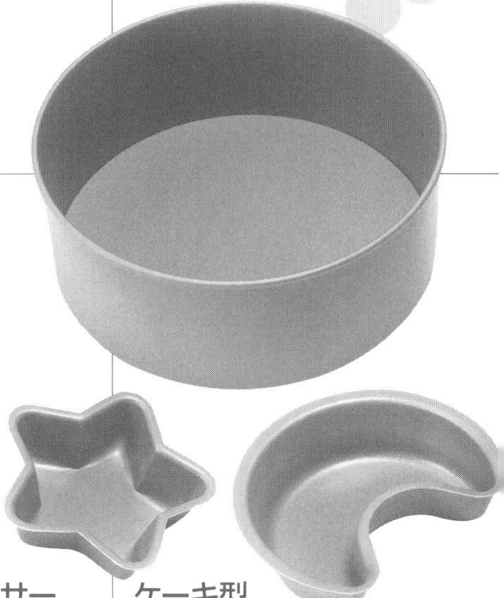

ケーキ型

スポンジ型、シフォン型、パイ型、タルト型など、ケーキの種類によって、使い分ける。

パウンド型

鉄製のものをそろえておくのもよいが、紙やアルミ箔などでできたものは、一回使い切りで便利。長方形で長辺18cmくらいが一般的。

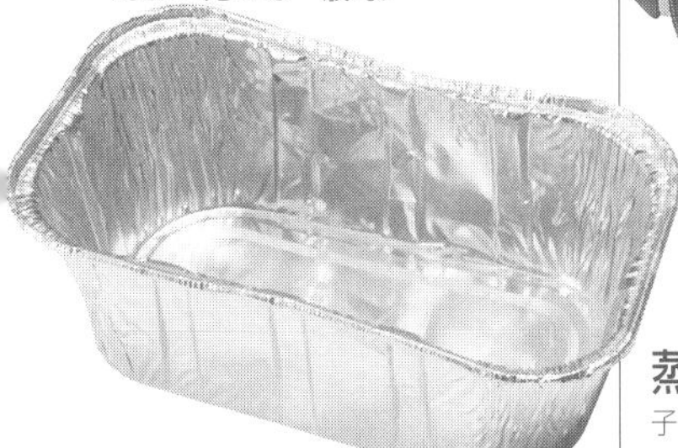

蒸し器

子どもには蒸すおやつが低カロリーでおすすめ。蒸しパンやまんじゅうのほか、さつまいもやかぼちゃを蒸しておやつの材料にするときなど、使う機会は多い。

粉ふるい

焼き菓子を上手に作るには、小麦粉やベーキングパウダーをよくふるうのもポイントのひとつ。

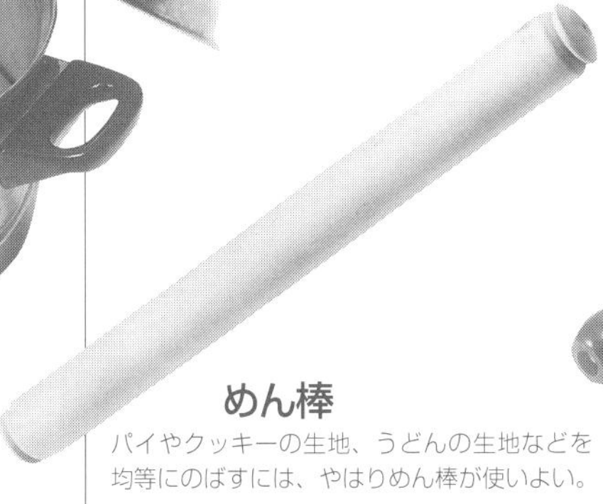

めん棒

パイやクッキーの生地、うどんの生地などを均等にのばすには、やはりめん棒が使いよい。

紙カップ

蒸しパンやマドレーヌ、マフィンなどの型に。色とりどりで、形もさまざまなので、メニューや分量によって選ぶとよい

木べら・ゴムべら

木べらはバターを練るときやケーキの生地を混ぜるとき使う。木べらでも代用できるが、ゴムべらもあるとケーキやクッキーの生地を混ぜるとき便利。

ゼリー型・プリン型

シンプルなものから、お花のような形のもの、動物やキャラクターのものまであるので、かわいく使い分けを。

抜き型

クッキーやゼリーを型抜きするのに使う。抜き型に小麦粉をつけると生地がくっつきにくい。いろいろな形を用意しておくのも楽しい。

栄養素別
上手なとり方テクニック

子ども達の食生活を見直してみませんか

野菜を食べさせたいと思ってもなかなか食べてくれない、食事の時間がまちまち、好き嫌いが多い、お菓子はよく食べるのにごはんはすすまない……　子どもの食事についての悩みは、本当に多いですね。「なんでも好き嫌いなく食べてくれる子がうらやましい」というのが本音ですが、そんなケースは本当にまれです。どんなに栄養があって理想的な食事でも、残されたり食べてくれなければがっかり。ついつい子どもの好きなもの、食べたがるものがテーブルにのってしまいます。

そんなわけで現代の子どもの食生活をみてみると、脂肪やたんぱく質、塩分、糖分をとりすぎていたり、炭水化物や野菜類の不足が目立っています。具体的にいえば、ハンバーグやとんかつ、鶏の唐揚げなどの肉や油脂を使ったおかず、ソーセージやハムなどの塩分が多く含まれる加工品、スナック菓子や炭酸飲料など脂肪や糖分が多いおやつなどはよく食べますが、ごはんや豆類、いも類などの炭水化物、野菜、小魚などの食べる量が減ってきているのです。どうでしょう。思い当たるフシはありませんか？

大人では、高血圧や糖尿病、コレステロールが高い高脂血症などの生活習慣病が問題になっていますが、子ども達が今のような食生活を続けていると、将来、生活習慣病にかかる人が倍増すると専門家は指摘しています。

健康によい食事を無理なく楽しく食べるには

下の表は、さまざまな食品を、含まれる栄養素の働きによって分類した表です。これら6つの食品群から、バランスよく選んで食べることが提唱されています。表を見て、普段、子どもがどんな食品をよく食べているか、あまり食べたがらない食品は何かを振り返って見ましょう。でも、食べ過ぎている食品を減らすのは簡単ですが、食べないものを食べさせるとなるとちょっとたいへんです。

そこで工夫したいのが調理法。たとえばかぼちゃの煮物は苦手でも、スープやお菓子の材料に加えてみたり、てんぷらやサラダなどに調理すればよく食べるかもしれません。また、かぼちゃがだめなら、同じグループの別の食品に交換するということもできます。次ページからは、栄養素別に、主なはたらきや調理法の工夫を紹介していますので、ぜひ参考にしてみてください。

ほかにも、料理づくりのお手伝いをしてもらうなど、楽しみながら食べものへの興味を広げる工夫にもチャレンジしてみましょう。また、毎日なるべく同じ時間に食べるようにする、よく遊んでおなかをすかせて食べるといったことも、好き嫌いなく食べられるポイントのひとつです。

6つの食品群からバランスよく食べよう！

1群	主としてたんぱく質を供給するグループ。たんぱく質は、筋肉や臓器、血液、皮膚の主成分になるほか、酵素やホルモン、免疫体などを作る	主な食品は？…牛肉、鶏肉、豚肉などの肉類、鶏卵などの卵、魚類、大豆、豆腐や納豆などの大豆製品
2群	無機質（ミネラル）、主としてカルシウムの供給源。ほかにも鉄、リン、マグネシウムなど。カルシウムは骨や歯を形成する大切な栄養素	主な食品は？…牛乳やヨーグルト、チーズなどの乳製品、小魚、昆布やわかめ、ひじきなどの海藻類
3群	主として、カロテンやレチノールなどのビタミンAの供給源。ビタミンAには、皮膚や粘膜などを丈夫にするはたらきがある	主な食品は？…かぼちゃ、にんじん、ほうれんそう、トマト、ピーマンなどの緑黄色野菜、レバー、うなぎなど
4群	ビタミンCの供給源になるグループ。ビタミンCは細胞を結合させるコラーゲンの生成に不可欠で、免疫力を高めたり、抗酸化作用をもつ	主な食品は？…いちご、みかん、キーウイなどのくだもの、キャベツ、白菜、きゅうり、大根、なすなどの淡色野菜
5群	糖質（炭水化物）性のエネルギー源。脳を働かせたり、手足を動かすなど、生き物が活動するために必要な、最も基本的なエネルギー源	主な食品は？…米、小麦、そば、きびなどの穀類、じゃがいも、さつまいもなどのいも類、砂糖類
6群	脂肪性のエネルギー源。1gで9キロカロリーのエネルギーを生み出す。細胞の膜の主成分になったり、ステロイドホルモンの原料になる	主な食品は？…植物油、バター、ラードなどの油脂類、アーモンドなどの種実類、ベーコンなど脂肪の多い食品

ビタミン

ビタミンはからだの潤滑油のようなはたらきをする栄養素。バランスのよい食事がビタミン摂取のポイントです。

ビタミンはエネルギー源になったり、血液や肉になるものではありませんが、ほかの栄養素のはたらきを助ける、いわば、体の調子を整える栄養素です。

ビタミンは大きく脂溶性と水溶性に分けられ、脂溶性のビタミンにはビタミンAやEなど、水溶性にはビタミンB群、C、ナイアシン、葉酸などがあります。

ビタミンは野菜、いも類、肉類、魚、豆類、くだものなど、いろいろな食品に含まれているので、必要量を摂取するには、まずはバランスのよい食事が大切。

とくに体内でビタミンAに変わるβ《ベータ》カロテンを含むにんじんなどの緑黄色野菜、ビタミンCを含むキャベツなどの淡色野菜はしっかりととりたいものです。

おひたし、ごま和え、ピーナツ和え、根菜類の煮物などの和食のほか、グラタンやシチュー、具だくさんのコンソメスープ、中華風の炒め物、ペースト状にしてポタージュにするなど、調理法を工夫してみましょう。野菜嫌いの子には、細かく刻んだり、ペースト状にして、蒸しパンやホットケーキなどのおやつに加えてみるのもおすすめです。

βカロテンは脂肪といっしょにとると吸収率が大幅にアップします。炒め物などの調理法も、バランスよく取り入れてみましょう。

また、ビタミンCは熱に弱いので、生の野菜も積極的に食べたいところです。ただ、生のままだとたくさんの量は食べられないし、ドレッシングなどはカロリーも高いので、「何が何でも生野菜」とこだわる必要はありません。

レパートリーを増やすひとことレシピ
フライドかぼちゃ…かぼちゃをフライドポテトのように棒状に切り、そのまま素揚げにしてかるく塩をふったり、砂糖とシナモンをあわせてからめる。塩にカレー粉を少々混ぜても美味。

ビタミンを多く含む食品

ビタミン A

野菜（にんじん、ほうれんそう、小松菜、春菊、ブロッコリー、かぼちゃ）、レバー、うなぎなど

ビタミン B

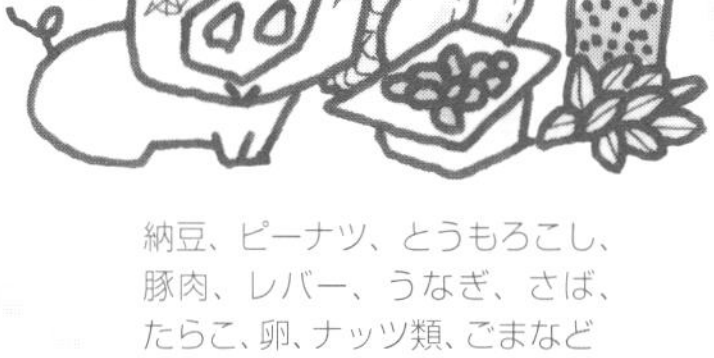

納豆、ピーナツ、とうもろこし、豚肉、レバー、うなぎ、さば、たらこ、卵、ナッツ類、ごまなど

ビタミン C

さつまいも、ねぎ、大根、白菜、キャベツ、枝豆、ほうれんそう、ピーマン、いちご、みかんなど

ビタミン D

さけ、いわし丸干し、かれい、まぐろ（とろ）、うなぎ、干ししいたけ、きくらげなど

ビタミン E

かぼちゃ、ブロッコリー、ほうれんそう、卵、油揚げ、高野豆腐、きな粉、ごま、ナッツ類など

カルシウム

必要量を毎日とりたい、子どもにとって大切な栄養素。乳製品以外の食品からも積極的にとりましょう

カルシウムの主なはたらきは、骨や歯を作ること。成長期の子どもには欠かせない栄養素です。そのほかにも、心臓や筋肉の収縮を助け、神経を静める作用があります。

カルシウムが豊富に含まれている食品は、牛乳、チーズ、ヨーグルトなどの乳製品、小魚、海草、小松菜、切り干し大根、高野豆腐など。１日の必要量は幼児で約５００mg、小学生で６００〜９００mgです。コップ１杯の牛乳にだいたい２００mg含まれていますが、乳製品に頼りすぎるのは考えもの。カロリーの取りすぎやアレルギーの原因にもなったりするので、多くても１日に必要な量の半分を乳製品で、残りをほかの食品からとるようにしましょう。

子どもは身長の伸びが著しく、乳歯の下に永久歯の芽ができている時期なので、カルシウムを毎日とることはとても大事です。

また、カルシウムの吸収を高めるには、ビタミンＤが必要です。

ビタミンＤは干ししいたけや青魚に多く含まれますが、日光に当たると体内で合成されます。また、運動することで、食事からとったカルシウムの骨への利用率が高まります。子どもが外遊びをするのは、とても大切なことなのです。

レパートリーを増やすひとことレシピ

高野豆腐のグラタン風…高野豆腐を50度くらいの湯で戻してだし汁で煮たら、器に盛って上にプルーンとトマトを刻んでのせ、溶ろけるスチーズものせてオーブントースターで焼く。

＊最近は戻さなくても使える手軽な高野豆腐もあるので利用するのも。

カルシウムを多く含む食品

ちりめんじゃこ、桜えび、わかさぎ、ひじき、切干大根、豆腐、高野豆腐、小松菜、ブロッコリー、春菊、菜の花、牛乳、ヨーグルト、チーズ、スキムミルクなど

鉄分

学童期でも大人と同じくらいの量をとりたい栄養素。不足すると貧血の原因になるので、鉄分の多い食品をメニューに加えましょう

鉄は、赤血球中のヘモグロビンを構成する成分です。ヘモグロビンはからだの組織に酸素を運ぶ大切な役目をしています。

鉄分を多く含む食品は、レバーや卵、ひじきなどの海草、あさりやしじみ、海苔、赤身の魚、小松菜やほうれんそうなど。プルーンやレーズンなどのドライフルーツにも多く含まれています。動物性食品と植物性食品からバランスよくとるのが理想的です。

動物性食品に含まれる鉄分のほうが消化吸収がよいのですが、植物性もたんぱく質、ビタミンＣといっしょにとると、吸収率がアップします。

おやつでも鉄分をとるメニューを工夫してみましょう。ゆでたほうれんそうをすりおろしてカップケーキやホットケーキに混ぜ込んだり、ごまやドライフルーツをクッキーに入れたりするのが手軽です。

レパートリーが増えるひとことレシピ

ひじきチャーハン…フライパンに油を熱し、とき卵とごはんを加えてよく混ぜる。チャーシューやねぎ、ゆでたにんじんなど好みの具を加えたら、生ひじき（乾燥ひじきをもどしたもの）を加えて炒め合わせ、塩、こしょう、しょうゆで味つけする。

＊乾燥ひじきは多めにもどしておいて冷凍しておくと便利。フライパンで炒めて卵とじにするのもＧＯＯＤです。

鉄分を多く含む食品

貝類（あさり、かき、しじみ、はまぐりなど）、かつお、さば血合い、わかさぎ、ほうれんそう、レバー、ひじき、高野豆腐、納豆、ドライフルーツなど

食物繊維

食物繊維は、水に溶ける水溶性繊維と、水に溶けない不溶性繊維があり、それぞれがとても大切なはたらきをしています。

水溶性繊維を多く含む食品は、寒天、昆布、りんご、みかん、こんにゃくなど。整腸作用があるほか、果物（熟したもの）に含まれるペクチンにはコレステロールの吸収をを抑えるはたらきがあります。昆布の成分であるアルギン酸は、血圧を降下させます。食物繊維を含んだバランスのよい食生活を身につけていくことは、将来の生活習慣病を予防するために、とても大切です。

不溶性繊維は、ごぼう、れんこん、にんじん、さつまいもなどの根菜類、ドライフルーツ、きのこ類などに多く含まれます。このような食品はよくモグモグしないと飲み込めないもの。じゃがバターやふかしいもなどのシンプルなおやつ、れんこんやにんじんの煮ものなどのメニューは、子どもにとって歯やあごの発達もうながしたり、虫歯の予防にも役立ちます。

また、胃に長くとどまるため、満腹感を得られやすいので、お菓子の食べすぎ防止にも一役買います。

ほかにも、たくさんの水分を含んでいるので便のかさを増やして排泄を促したり、大人になってからの大腸ガンの予防にもなるなどのはたらきもあります。また最近では、環境ホルモンのダイオキシンを体外へ排出させるはたらきもあることがわかってきました。

最近、便秘の子どもが増えているのをご存知ですか？　原因のひとつに、食物繊維の不足があげられています。規則正しい生活とともに、ぜひ献立に食物繊維が多い食べ物を取り入れてください。

レパートリーを増やすひとことレシピ

かんたんやきいも…やきいもは大人も子どもも大好きですが、一本まるごととなると家庭では難しいもの。そこで、さつまいもを５㎜くらいの厚さの輪切りにし、薄く油をしいたフライパンに並べてふたをし、弱火で焼き上げます。手で割ってほくほくしていればＯＫ。あっという間にできますよ。

食物繊維を多く含む食品

＜不溶性食物繊維を多く含む食品＞
ごぼう、にんじん、れんこん、さつまいも、里いも、こんにゃく、切干大根、あずき、おから、キーウイ、バナナ、パイナップル、りんご、玄米、ドライフルーツ（プルーン、アプリコットなど）、きのこ類（乾燥きくらげ、干ししいたけ、しめじ、えのき、しいたけ、マッシュルームなど）

＜水溶性食物繊維を多く含む食品＞
寒天、こんぶ、りんご、みかん、キーウイ
わかめ、ひじき、トマト、おくら、干しぶどう

たんぱく質

からだをつくる大切な栄養素。いろいろな食品からとってみて

たんぱく質は、筋肉、内臓、血液、皮膚などをつくるはたらきと、酵素や免疫をつくるはたらきがあります。

魚・肉・卵と牛乳・乳製品などに多く含まれる動物性たんぱく質、納豆・豆腐などに多く含まれる植物性たんぱく質とがあります。

最近、子どもの肥満が問題になっていますが、糖分のとりすぎや運動不足だけでなく、肉や乳製品など、動物性たんぱく質にかたよった食生活も原因のひとつです。たんぱく質は動物性と植物性を半々くらいでとるのが理想的です。なかでも、豆腐などの大豆製品は、高たんぱくで低脂肪なので、おすすめです。

たんぱく質は、約20種のアミノ酸からつくられていますが、このうち体内で合成されず、食べものからしか摂取できないものを必須アミノ酸と呼びます。必須アミノ酸がバランスよく含まれているものを良質のたんぱく質といいます。ごはんやほかのおかずとの組み合せによって、必須アミノ酸のバランスがさらによくなります。

レパートリーを増やすひとことレシピ

＊カッテージチーズのデップ…トーストにカッテージチーズを適量のせ、メイプルシロップをかけていただく。カッテージチーズは家庭でもつくれます。牛乳２００㏄を沸騰させ、酢大さじ１を入れます。固まったらキッチンペーパーでこして絞り、固形で残った物がカッテージチーズ。ふつうのチーズよりも低カロリーです。

たんぱく質を含む食品

牛肉、豚肉、鶏肉、卵、魚、大豆、大豆製品など

無理なく楽しくお手伝い！

ママとキッズで わくわくおやつ&料理作り

おやつ編

おやつ作りのお手伝いは、おままごとのようでワクワク。どんなふうにできるかな？　いっしょに作れば何倍もおいしい！

混ぜる・こねる

お菓子作りの最もポピュラーなお手伝いがコレ。粘土や砂場遊びをしている感覚で楽しくできます。スポンジケーキを焼くときの「メレンゲをサックリ混ぜる」などは、膨らみぐあいに影響したりしますが、ホットケーキの生地を混ぜたり、白玉だんごの粉をこねたりは、きれいに混ざらなくたってＯＫ。仕上げをママがやれば、でき上がりの失敗もなしです。

つぶす・裏ごす

ゆでたかぼちゃやじゃがいも、にんじんなどの野菜は、つぶしたり裏ごしたりして、いろいろなおやつに利用できます。やわらかいので、つぶすのは比較的ラク。ボウルに材料を入れたら、すりこぎや大きなスプーンなどを持たせて「おもちつきみたいにペッタンペッタンしてね！」と誘ってあげましょう。裏ごしは少し力がいるので、4、5歳くらいからでも。上手にできなければ無理をさせずにママがかわってあげましょう。

「子どもにお手伝いしてもらうと、汚されたり散らかされたりしてかえって大変よ！」……わかります、その気持ち。でも、ちょっと時間や気持ちに余裕のあるときは、ぜひ子どもといっしょにお料理やおやつ作りにチャレンジしていただきたいのです。

お手伝いのいいところは、食べものへの興味がわくこと。自分が参加してつくったものは嫌いなものだってパクパク。親子のコミュニケーションだって広がります。また、包丁が危ないこと、火は熱いのだということを教えるよい場にもなります。

お手伝いは何でも自分でやってみたがるようになったらそのときがチャンス。子どもにも専用のエプロンを用意してあげたり、汚れやすい作業は、テーブルに大きなビニール袋を敷いたり、足もとにチラシを敷くなどで、楽しく子どものペースでやらせてあげましょう。もちろんママの無理のない範囲でお手伝いしてもらえばOKです。

粉がふわふわのケーキになったりするプロセスは、子どもにとって魔法のようなもの。さしずめママは魔法使い？　遊びや体験のひとつとして、ぜひいっしょに楽しんでみてください。

形を作る

だんごをくるくる丸めたり、クッキーの型抜きをしたり、仕上げの形を作るのはおやつ作りのいちばん楽しいプロセス。でき上がりは？かもしれないけれど、自分でつくったものを自分で食べる楽しさが味わえるのがこんなお手伝いです。

まずは「このくらいの大きさや厚さにしてね」とママがお手本を。クッキー型などはいろいろな形をそろえてあげると、楽しさが倍増です。

飾りつけ

ケーキの上にいちごやキーウイを飾ったり、ホットケーキを焼いて、その上に干しぶどうやいちごジャムで人気キャラクターのお顔を描いたり……　仕上げの飾りつけは、大人だってワクワクしちゃいます。生クリームの絞り出し、アンジェリカを飾る、アラザンを散らす、シナモンや粉砂糖をふるなど、ママとの共同作業は子どもにとっても楽しいイベントです。

上手にできたね！　とってもおいしいそう！

おやつ作りのクライマックスで盛り上がりましょう。

お料理編

小さなコックさんは、お料理づくりに大はりきり。嫌いな野菜も、自分で作るとこんなにおいしい！

皮をむく・刻む

お料理のお手伝いはちょっとしたお勉強。豆の皮をむきながら「お豆さんの形っていろいろだね。そら豆さんの皮はお布団みたいにフワフワで気持ちよさそうね」……語りかけながらできるこんなお手伝いは、子どもにとっても大切な経験です。

ピーラーが使えるようになったら、にんじんやじゃがいもの皮むき、包丁が使えるようになったら、材料を切ったり刻んだりと、成長に合わせてレベルアップを。危なくない、正しい持ち方を教えてあげながら、楽しくお手伝いしてもらいましょう。

形を作る・巻く

コロッケをたわら型に丸めたり、ハンバーグのたねをこばん型に作るなどのお手伝いは、泥んこ遊びみたいで子どもも大好きです。自分で作ったのはどれかな?と、でき上がりを待つひとときも楽しいんです。

ぎょうざの皮を包む、春巻きを巻く、牛肉の野菜巻きを作るなどができれば、立派なちびっ子シェフの誕生です。ここまでできればママも大助かりですね。

混ぜる・とぐ

ハンバーグやしゅうまい、ぎょうざ、ミートローフなどのたねを混ぜるのは、お手伝いの王道！　きっと喜んで参加してくれるでしょう。マカロニサラダやポテトサラダをマヨネーズで合える、ごま合えを作るのも手軽にできます。すり鉢でごまをするなどは、ママも小さい頃、お手伝いをした経験があるのでは?

お米をとぐのもとてもよい経験。硬いお米がごはんになるんだねと、食べものへの興味も広がります。手のひらでゴシゴシとげればＯＫ。すすぎも上手にできたかな?

今日は何読む？

絵本の読み聞かせは子どものこころを育むのと同時に、親子の大切なコミュニケーションのひとつです。いろいろな名作がありますが、ここでは食べものにちなんだ絵本をご紹介します。ストーリーを楽しみながら、きっと食べものへの関心や、やさしい気持ちが芽生えるでしょう。

名作食べ物絵本

月ようびはなにたべる?

アメリカのわらべうたをエリック・カールが鮮やかな絵で表現。月曜日はさやいんげん、火曜日はスパゲティ、水曜日はゾープ（スープ）……日曜日はアイスクリーム！ おなかのすいたこ、みんなおいで！ 最後には楽譜もあってメロディーをつけて歌えます。（偕成社、エリック・カール絵、もりひさし訳、定価1260円）

おだんごぱん

「ぼくは、てんかのおだんごぱん。ぼくは、こなばこごしごしかいて、あつめてとって、それに、クリームたっぷりまぜて、バターでやいて、それからまどでひやされた」おじいさんとおばあさんの家から逃げ出したおだんごぱんは、そう歌っていろんな動物からも身をかわします。でも、きつねさんは……。（福音館書店、ロシア民話、せたていじ訳、わきたかず絵、定価1155円）

14ひきのかぼちゃ

人気シリーズの14ひきのねずみの家族たちの物語。かぼちゃの種を植えたら、どんどん大きくなって、どてっと大きなかぼちゃが実りました。かぼちゃコロッケ、かぼちゃスープ、かぼちゃパイ。テーブルに並んだたくさんのお料理。14ひきのにぎやかな夕ごはんです。（童心社、いわむらかずお作、定価1260円）

しろくまちゃんのほっとけーき

しろくまちゃんはおかあさんといっしょにホットケーキをつくります。ボールで材料をまぜあわせて、フライパンに「ぽたあん」「どろどろ」「ぴちぴち」「ぷつぷつ」……できたできた、ほっかほっかのホットケーキ！ 絵本からおいしい香りがただよってきそうです。（こぐま社、わかやまけん作、定価840円）

くだもの

2歳から4歳向けの文字の少ない絵本。すいか、もも、ぶどう、なし、りんご、くり、かき、みかん、いちご、ばなな……。次々に登場するおいしそうなくだものの絵。「さあどうぞ」という言葉に、子どもたちは手をのばし、絵本のくだものをつかんで、おいしそうに口に運びます。（福音館書店、平山和子文・絵、定価780円）

おおきなおおきなおいも

いもほりえんそくが雨で延期。その間に土の中で大きくなっているおいものことを想像して、子どもたちは大きな大きなおいもの絵をかきます。紙を何枚も何枚もつぎたして、えっさかほっさか。「おおきなおいもをちいさくきって、おりょうりおりょうり。あたしはてんぷら。やきいもがうまいぞ。ぼくはだいがくいも」おいもの夢はどんどん広がります。（福音館書店、市村久子原案／赤羽末吉作・絵、定価1155円）

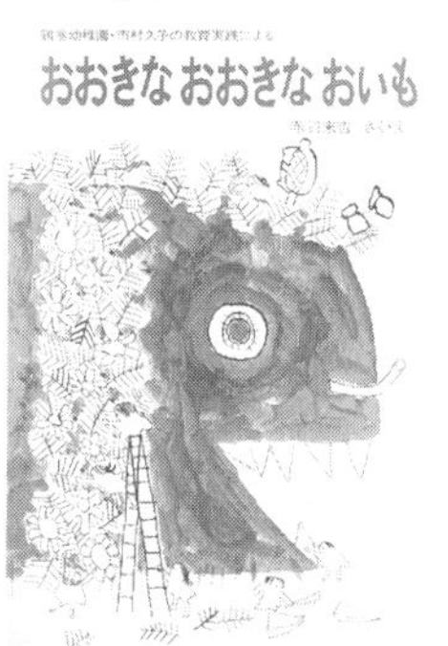

そらまめくんのベッド

そらまめくんのベッドは雲のようにふわふわと、わたのようにやわらかいすてきなベッドです。ある日、大事なベッドが行方不明。お友だちのグリーンピースさん、えだまめさん、ピーナッツさん、さやえんどうさんがベッドを貸してくれますが、そらまめくんにはどこかがちょっと合いません。いったい、そらまめくんのベッドはどこに行ってしまったのでしょう。（福音館書店、なかやみわ作・絵、定価780円）

ぐりとぐら

大きな卵を見つけたぐりとぐら。大きなボールでお砂糖といっしょに泡立てて、小麦粉と牛乳をまぜて、バターを塗ったお鍋で焼きます。「ぼくらのなまえは　ぐりとぐら。このよでいちばんすきなのは、おりょうりすることたべること」と歌っているうちに、焼き上がったのは、ふっくら黄色いカステラ！ いいにおいに森中の動物たちが集まってきます。（福音館書店、なかがわりえこ文、おおむらゆりこ絵、定価780円）

おまたせクッキー

ママがたくさんのクッキーを焼いてくれました。食べようとしたら、玄関のベルが鳴ってお友だちがきました。みんなで分けて食べようとしたら、また玄関のベルが鳴って……。どんどんお友だちが増えて、1人1枚ずつになったとき、またベルが鳴りました。さあ、どうする？（偕成社、ハッチンス作、乾侑実子訳、定価1260円）

調理法別インデックス

蒸す

かぼちゃ蒸しパン……6
かぼちゃまんじゅう……9
ほうれんそうのカップケーキ……11
いきなりだんご……14
おさつまんじゅう……14
いもきびもち……15
キャロットちゃんの蒸しケーキ……17
プリンア・ラ・モード……38
よもぎだんご……42
りんごヨーグルト蒸しパン……49
チーズ蒸しパン……50

電子レンジで温める
炊飯器で炊く

きびだんご……36
炊飯器スポンジケーキ……67
スピードおはぎ……77

オーブンで焼く

パンプキンケーキ……9
ポパイマドレーヌ……10
野菜たっぷりのグラタン……11
チーズサンドおさつ……12
にんじんクッキー……16
ポテトお焼き……18
卵と牛乳を使わないりんごケーキ……22
焼きりんご……22
アップルマフィン……23
カントリーアップルパイ……24
バナナケーキ……27
コーン入りバナナマフィン……28
桜色クッキー……29
パイナップルケーキ……33
卵ボーロ……34
コンコンブル……37
アーモンドビスコッティー……39
オリジナルクッキー……44
ヨーグルトケーキ……49
チーズドロップクッキー……51
クレセントロール……52
ミルクスコーン……53
おからのパウンドケーキ……57
カリカリお焼き……58
パンの耳プディング……60

オーブントースターで焼く

スイートパンプキン……8
スイートポテト……13
じゃがいもピザ……19
アップルポテト……25
のりじゃこトースト……55
パパッとドリア……59
レモンラスク……61
りんごのホットサンド……61
シナモントースト……62
かんたんチーズケーキ……66
のしどりサンド……71
くいしん棒……72
野菜たっぷりの皮なしキッシュ……74
コロッケグラタン……75

フライパン・
ホットプレートで焼く

かぼちゃお焼き……6
お絵かきホットケーキ……16
じゃが丸くん……18
じゃがいものお好み焼き……18
お好みねぎ焼き……21
焼きバナナの
　ヨーグルトソースかけ……28
カスタードクレープ……36
ホットケーキ……38
五平もち……59
オレンジ風味のフレンチトースト……61
クロックムッシュ……62
もちピザ……70
なんでもOKたこ焼き
　専用のたこ焼き器で……74
韓国風野菜のお焼き……75
ほっぺたおっこちもち……78
れんこんもち……80

炒める

アーモンドフィッシュ……54
じゃこチャーハン……55
にんにくしょうゆのスパゲティ……63
ポップコーン……73

ゆでる

なんきん白玉……7
三色みたらしだんご……20
里いものごまみそかけ……21
フルーツ白玉……32
手打ちうどん……40
お豆腐だんご……56
変わりきりたんぽ……58
きな粉マカロニ……63

揚げる

かぼちゃのドーナツ……7
ごま揚げかぼちゃだんご……8
ほくほく大学いも……12
インドサモサ風……19
いろいろ野菜の素揚げチップス……20
アップル春巻き……23
バナナ春巻き……26
フルーツフリッター……27
ウインナドッグ……34
黒糖かりんとう……35
お手伝いドーナツ……37
ごまのプレッツェル……39
チーズの包み揚げ……50
磯ビーンズ……54
まさご揚げ……55
納豆の揚げぎょうざ……57
ロールサンドの春巻き揚げ……60
2色チーズフライ……67
ささみのごませんべい……71
ポパイボール……72
ねじりん棒……77
煮豆のおとし揚げ……78
煮干しのチップス……78
パリンパリンせんべい……79

冷やして固める

りんごいもようかん……13
キャロットゼリー……17
いちごのフローズンアイス……30
いちごババロア……30
三色ひなゼリー……31
フルーツタルト……32
フルーツゼリー……33
オレンジゼリー……33
昔ながらのアイスクリーム……35
カステラシャーベット……38
ヨーグルト抹茶ゼリー……48
ミルクプリン……52
ミルクゼリー……53
食パンシャーベット……68
ヨーグルトアイス……68
かぼちゃようかん……76
わらびもち……80

煮る

りんごのコンポートミルクソース……25
りんごとさつまいもの重ね煮……25
牛乳くずもち……53
マカロニ入り野菜スープ……64
吉野汁……64
チーズ入り白玉だんごのスープ……70
プチきな粉だんご……76

混ぜる

コロコロボール……15
フルーツヨーグルトドリンク……48
ココアボール……66
いちごのスムージー……69
スイカのミルクサイダー……69
りんごとお豆腐のカナッペ……73

飾る・サンドする

バナナボート……26
フルーツサンド……29
いちごのひなケーキ……31
スイカのポンチ……46
サンドクラッカー……51

まさご揚げ……55
お豆腐だんご……56
ずんだあん……56
おからのパウンドケーキ……57
吉野汁……64
りんごとお豆腐のカナッペ……73
コロッケグラタン……75
煮豆のおとし揚げ……78

●肉・魚介類

豚・牛・鶏肉（ハム等の加工品含む）

ポテトお焼き……18
インドサモサ風……19
じゃがいもピザ……19
ウインナドッグ……34
クレセントロール……52
パパッとドリア……59
クロックムッシュ……61
にんにくしょうゆのスパゲティ…63
吉野汁……64
ささみのごませんべい……71
のしどりサンド……71
野菜たっぷりの皮なしキッシュ…74

小魚

じゃがいものお好み焼き……18
磯ビーンズ……54
アーモンドフィッシュ……54
じゃこチャーハン……55
のりじゃこトースト……55
まさご揚げ……55
カリカリお焼き……58
煮干しのチップス……78

桜えび

お好みねぎ焼き……21
ささみのごませんべい……71
韓国風野菜のお焼き……75
煮干しチップス……78
パリンパリンせんべい……79

たこ

なんでもOKたこやき……74

●種実類

黒ごま

ほくほく大学いも……12
コンコンブル……37
ごまのプレッツェル……38
ごまあん……56
ささみのごませんべい……71
パリンパリンせんべい……79

白ごま

ごま揚げかぼちゃだんご……8
にんじんクッキー……16
里いものごまみそかけ……21
ヨーグルトケーキ……49
磯ビーンズ……54
じゃこチャーハン……55
のりじゃこトースト……55
２食チーズフライ……67
ささみのごませんべい……71
くいしん棒……72
韓国風野菜のお焼き……75
ねじりん棒……77
煮干しのチップス……78
パリンパリンせんべい……79
れんこんもち……80

ナッツ

アーモンドビスコッティー……39
アーモンドフィッシュ……54
煮干しのチップス……78

●製菓材料ほか

あずきあん

いきなりだんご……14
バナナ春巻き……26
よもぎだんご……42
スピードおはぎ……77

いちごジャム

お絵かきホットケーキ……16
サンドクラッカー……51
ロールサンドの春巻き揚げ……60

カステラ

いちごのひなケーキ……31
カステラシャーベット……38
ココアボール……66

きな粉

なんきん白玉……7
いもきびもち……15
きびだんご……36
よもぎだんご……42
牛乳くずもち……53
お豆腐だんご……56
変わりきりたんぽ……58
きな粉マカロニ……63
プチきな粉だんご……76
わらびもち……80

栗の甘露煮

コロコロボール……15

黒砂糖

なんきん白玉……7
黒糖かりんとう……35

コーンフレーク

コロコロボール……15

ココア

ココアボール……66

上新粉

よもぎだんご……42

白玉粉

なんきん白玉……7
三色みたらしだんご……20
フルーツ白玉……32
よもぎだんご……42
お豆腐だんご……56
チーズ入り白玉だんごのスープ…70
プチきな粉だんご……76

だんご粉

ほっぺたおっこちもち……78

でんぷん

牛乳くずもち……53
プチきな粉だんご……76
わらびもち……80

はちみつ・メープルシロップ

黒糖かりんとう……35
アーモンドビスコッティー……39
いちごのスムージー……69

ビスケット・クラッカー

フルーツタルト……32
サンドクラッカー……51
りんごとお豆腐のカナッペ……73

ホットケーキミックス

パンプキンケーキ……9
かぼちゃまんじゅう……9
ほうれんそうのカップケーキ……11
キャロットちゃんの蒸しケーキ…17
バナナケーキ……27
リンゴヨーグルト蒸しパン……49
炊飯器スポンジケーキ……67

抹茶

三色ひなゼリー……31
ヨーグルト抹茶ゼリー……48

三色ひなゼリー……31
炊飯器スポンジケーキ……67
いちごのスムージー……69

キウイ
フルーツ白玉……32
フルーツタルト……32

スイカ
すいかのポンチ……46
スイカのミルクサイダー……69

チェリー（缶詰）
バナナボート……26
フルーツ白玉……32

パイン（缶詰）
バナナボート……26
フルーツ白玉……32
フルーツタルト……32
パイナップルケーキ……33
フルーツゼリー……33
スイカのポンチ……46

バナナ
バナナ春巻き……26
バナナボート……26
バナナケーキ……27
フルーツフリッター……27
コーン入りバナナマフィン……27
焼きバナナの
ヨーグルトソースかけ……28
フルーツサンド……28
フルーツタルト……32
スイカのポンチ……46

みかん・オレンジ（ジュース／缶詰め含む）
キャロットゼリー……17
バナナボート……26
フルーツ白玉……32
フルーツゼリー……32
オレンジゼリー……33
フルーツヨーグルトドリンク……48
オレンジ風味のフレンチトースト61

りんご
りんごいもようかん……13
卵と牛乳を使わないりんごケーキ22
焼きりんご……22
アップル春巻き……23
アップルマフィン……23
カントリーアップルパイ……24
りんごのコンポートミルクソース25
りんごとさつまいもの重ねに……25
アップルポテト……25
フルーツフリッター……27
りんごヨーグルト蒸しパン……49
りんごのホットサンド……61
りんごとお豆腐のカナッペ……73

レーズン
スイートパンプキン……8
お絵かきホットケーキ……16
キャロットちゃんの蒸しケーキ…17
カントリーアップルパイ……24
ミルクスコーン……53
おからのパウンドケーキ……57
ココアボール……66

レモン
りんごのコンポートミルクソース25
レモンラスク……61
かんたんチーズケーキ……66

●穀類・穀類を使った製品

きび（もちきび）
いもきびもち……15
きびだんご……36

ギョウザ・シュウマイ・春巻きの皮
インドサモサ風……19
アップル春巻き……23
バナナ春巻き……26
ごまのプレッツェル……39
チーズの包み揚げ……50
納豆の揚げギョウザ……57
ロールサンドの春巻き揚げ……60

米（ごはん）
じゃこチャーハン……55
変わりきりたんぽ……58
カリカリお焼き……58
五平もち……59
パパッとドリア……59
スピードおはぎ……77

全粒粉
アーモンドビスコッティー……39

パスタ
にんにくしょうゆのスパゲティ…63
きな粉マカロニ……63
マカロニ入り野菜スープ……64

パン
フルーツサンド……29
のりじゃこトースト……55
パンの耳プディング……60
ロールサンドの春巻き揚げ……60
オレンジ風味の
フレンチトースト……61
レモンラスク……61
りんごのホットサンド……61
クロックムッシュ……62
シナモントースト……62
食パンシャーベット……68
のしどりサンド……71

●乳製品

スキムミルク（脱脂粉乳）
キャロットちゃんの蒸しケーキ…17
三色ひなゼリー……31
フルーツタルト……32
卵ボーロ……34
黒糖かりんとう……35
ヨーグルト抹茶ゼリー……48

チーズ
ほうれんそうのカップケーキ……11
野菜たっぷりのグラタン……11
チーズサンドおさつ……12
ポテトお焼き……18
じゃがいもピザ……19
コンコンブル……37
チーズ蒸しパン……50
チーズの包み揚げ……50
チーズドロップクッキー……51
クレセントロール……52
パパッとドリア……59
ロールサンドの春巻き揚げ……60
クロックムッシュ……61
かんたんチーズケーキ……66
２色チーズフライ……67
もちピザ……70
チーズ入り白玉だんごのスープ…70
ポパイボール……72
りんごとお豆腐のカナッペ……73
野菜たっぷりの皮なしキッシュ…74
コロッケグラタン……75

生クリーム
コロコロボール……15
バナナボート……26
フルーツサンド……29
いちごのフローズンアイス……30
いちごババロア……30
いちごのひなケーキ……31
昔ながらのアイスクリーム……35
プリンア・ラ・モード……38
カステラシャーベット……38
ミルクプリン……52
かんたんチーズケーキ……66
ココアボール……66
炊飯器スポンジケーキ……67
食パンシャーベット……68
野菜たっぷりの皮なしキッシュ…74

ヨーグルト
焼きバナナの
ヨーグルトソースかけ……28
いちごのフローズンアイス……30
フルーツヨーグルトドリンク……48
ヨーグルト抹茶ゼリー……48
りんごヨーグルト蒸しパン……49
ヨーグルトケーキ……49
サンドクラッカー……51
ヨーグルトアイス……68

●豆類・大豆製品
磯ビーンズ……54

材料別インデックス

お菓子作りの基本的な材料（小麦粉、牛乳、卵、バター、サラダ油、砂糖、各種調味料、ベーキングパウダー等）、ごく少量しか使われていないものは除きました。

●野菜

いんげん
いろいろ野菜の素揚げチップス……20

かぼちゃ
かぼちゃ蒸しパン……6
かぼちゃお焼き……6
なんきん白玉……7
かぼちゃのドーナツ……7
ごま揚げかぼちゃだんご……8
スイートパンプキン……8
パンプキンケーキ……9
かぼちゃまんじゅう……9
三色みたらしだんご……20
韓国風野菜のお焼き……75
かぼちゃようかん……76

キャベツ
マカロニ入り野菜スープ……64

ごぼう
吉野汁……64

さつまいも
チーズサンドおさつ……12
ほくほく大学いも……12
スイートポテト……13
りんごいもようかん……13
いきなりだんご……14
おさつまんじゅう……14
いもきびもち……15
コロコロボール……15
いろいろ野菜の素揚げチップス……20
りんごとさつまいもの重ね煮……25
アップルポテト……25

里いも
里いものごまみそかけ……21
吉野汁……64

サラダ菜
チーズ入り白玉だんごのスープ……70
のしどりサンド……71

しめじ
にんにくしょうゆのスパゲティ……63

じゃがいも
野菜たっぷりのグラタン……11
じゃが丸くん……18
ポテトお焼き……18
じゃがいものお好み焼き……18
インドサモサ風……19
じゃがいもピザ……19
コロッケグラタン……75

セロリ
マカロニ入り野菜スープ……64

大根
吉野汁……64

玉ねぎ
野菜たっぷりのグラタン……11
ポテトお焼き……18
インドサモサ風……19
まさご揚げ……55
にんにくしょうゆのスパゲティ……63
マカロニ入り野菜スープ……64
もちピザ……70

トマト
三色みたらしだんご……20
もちピザ……70

にんじん
野菜たっぷりのグラタン……11
にんじんクッキー……16
お絵かきホットケーキ……16
キャロットゼリー……17
キャロットちゃんの蒸しケーキ……17
じゃがいものお好み焼き……18
いろいろ野菜の素揚げチップス……20
まさご揚げ……55
マカロニ入り野菜スープ……64
吉野汁……64
くいしん棒……72
野菜たっぷりの皮なしキッシュ……74

にんにく
にんにくしょうゆのスパゲティ……63

ねぎ
お好みねぎ焼き……21
じゃこチャーハン……55
のしどりサンド……71
なんでもOKたこやき……74

パセリ・にら・春菊・みつば
野菜たっぷりのグラタン……11
くいしん棒……72
韓国風野菜のお焼き……75
れんこんもち……80

ピーマン
もちピザ……70

ブロッコリー
野菜たっぷりの皮なしキッシュ……74

ほうれんそう
ポパイマドレーヌ……10
ほうれんそうのカップケーキ……11
野菜たっぷりのグラタン……11
三色みたらしだんご……11
ポパイボール……72

ホールコーン
コーン入りバナナマフィン……28
コロッケグラタン……75
煮豆のおとし揚げ……78

ミックスベジタブル
パパッとドリア……59

よもぎの葉
よのぎだんご……42

れんこん
いろいろ野菜の素揚げチップス……20
れんこんもち……80

●フルーツ

いちご
桜色クッキー……29
フルーツサンド……29
いちごのフローズンアイス……30
いちごババロア……30
いちごのひなケーキ……31

本書は2001年発行のムック「にっこりおやつ140」を改題し、書籍として再発行するものです

◆料理
加藤美恵子（料理教室アスパラガスの部屋主宰）
池上保子（料理研究家・管理栄養士）
◆撮影
岡本真直
安田　裕
◆スタイリング
田所頼子
道広哲子
◆デザイン
杉原瑞枝（カバーデザイン）
吉沢知美（本文デザイン）
◆イラスト
わたなべ恭子
◆取材・執筆
渋江妙子
鈴木由紀子
道広哲子
◆編集協力
普光院亜紀
森田千恵
（保育園を考える親の会）
◆編集担当
武田賢二

保育園で教えてもらった
園児に人気のにっこりおやつ

編　者　主婦と生活社
発行人　倉次辰男
印刷所　大日本印刷株式会社
製本所　大日本印刷株式会社
発行所　株式会社主婦と生活社
〒104-8357　東京都中央区京橋3-5-7
電話　03-3563-5121(販売部)
03-3563-7520(編集部)
03-3563-5125(生産部)
振替　00100-0-36364

ISBN978-4-391-13393-6
万一、落丁、乱丁がありましたら、お買い上げになった書店か小社生産部までお申し出ください。お取り替えいたします。